Papst Franziskus

Vater unser

PAPST FRANZISKUS

Mit Marco Pozza

VATER UNSER

DAS GEBET JESU NEU GELESEN

Übersetzt aus dem Italienischen von Elisabeth Liebl

Kösel

INHALT

DEN VATER BITTEN

»Vater« – ohne dieses Wort zu sagen, es zu hören, kann man nicht beten.

Zu wem bete ich denn? Zum Allmächtigen Gott? Viel zu weit weg, ich spüre ihn nicht an meiner Seite. Nicht einmal Jesus konnte ihn fühlen. Wen also spreche ich an? Den Gott des Universums? Das ist heute in Mode. Jeder betet zum universellen Gott: Das hat so etwas von mondäner Vielgötterei, die vielleicht für unsere auf Lightprodukte geeichte Kultur passen mag …

Nein, du musst mit dem Vater sprechen! Ein starkes Wort, dieses »Vater«. Du musst den bitten, der dich erschaffen hat, der dir das Leben gegeben hat. Freilich hat er es allen geschenkt, aber »alle« ist eben auch zu anonym. Er hat es dir gegeben und er hat es mir gegeben. Er ist es, der dich auf deinem Weg begleitet: Er kennt dein ganzes Leben. Das, was gut ist, und das, was daran weniger gut ist. Wenn wir das Gebet nicht mit diesem Wort beginnen, das nicht nur von unseren Lippen, sondern aus ganzem Herzen kommt, dann können wir nicht beten »wie Christen«.

Wir haben einen Vater. Einen Vater, der uns nahe ist, der uns in die Arme schließt. All der Kummer, all die Sorgen, die uns bedrängen, übergeben wir sie doch einfach dem Vater: Er weiß, was wir brauchen. Aber wie ist dieses »Vater« eigentlich gemeint? Ist es mein Vater? Nein, es ist unser Vater! Weil ich nicht sein einziges Kind bin. Keiner von uns ist es. Und wenn ich nicht Bruder oder Schwester sein kann, kann ich auch nicht Kind dieses Vaters sein, weil er eben uns allen Vater ist. Meiner, selbstverständlich, aber auch der Vater der anderen, meiner Geschwister. Und wenn ich mit meinen Geschwistern nicht in Frieden leben kann, dann kann ich ihn auch nicht »Vater« nennen.

Man kann nicht beten, wenn man im Herzen Feinde hat, und auch nicht, wenn man Feinde und Geschwister im Herzen hat. Ich weiß, dass das nicht leicht ist. »Ich kann nicht einfach ›Vater‹ sagen, das geht mir nicht von der Zunge.« Ja, das verstehe ich. »Ich kann nicht einfach

›unser‹ sagen, weil mein Bruder, mein Feind, mir dieses oder jenes angetan hat. Er ist einfach … Nein, sollen sie doch zur Hölle fahren. Ich will mit ihnen nichts zu tun haben!« Es stimmt schon, leicht ist es nicht. Aber Jesus hat uns den Heiligen Geist versprochen: Er ist es, der uns von innen heraus, vom Herzen her lehrt, wie wir »Vater« sagen können und ihn »unser« nennen. Bitten wir also den Heiligen Geist, dass er uns zeigen möge, wie man zum »Vater« spricht, zu »unserem Vater«, und Frieden schließt mit all seinen Feinden.

Dieses Buch gibt das Zwiegespräch wieder, das ich mit Don Marco Pozza über das Vaterunser geführt habe. Jesus hat uns dieses Gebet nicht gelehrt, damit wir uns formelhaft an Gott wenden können: Es ist seine Einladung an uns, mit dem Vater zu sprechen, damit wir uns selbst besser kennenlernen und wahrhaft leben wie seine Kinder mit all unseren Brüdern und Schwestern. Jesus zeigt uns, was es heißt, vom Vater geliebt zu werden. Und er offenbart uns, dass der Vater uns dieselbe Liebe zuteilwerden lässt, die er seit Ewigkeiten für seinen Sohn hegt.

Ich hoffe, dass jeder von uns künftig, wenn er sagt »Vater unser«, auch spürt, dass er geliebt wird, dass ihm verziehen ist, dass er durchdrungen ist vom erfrischenden Tau des Heiligen Geistes, sodass auch er fähig werde zur Liebe und zur Vergebung gegenüber all seinen Brüdern und Schwestern.

Denn das gibt uns einen Vorgeschmack auf das Paradies.

Francesco

I

Padre nostro che sei nei cieli,

sia santificato il tuo nome,

venga il tuo regno,

sia fatta la tua volontà

come in cielo così in terra.

Dacci oggi il nostro pane quotidiano,

e rimetti a noi i nostri debiti

come noi li rimettiamo ai nostri debitori,

e non ci indurre in tentazione,

ma liberaci dal male.

Vater unser im Himmel,

geheiligt werde Dein Name.

Dein Reich komme.

Dein Wille geschehe,

wie im Himmel so auf Erden.

Unser tägliches Brot gib uns heute.

Und vergib uns unsere Schuld,

wie auch wir vergeben unsern Schuldigern.

Und führe uns nicht in Versuchung,

sondern erlöse uns von dem Bösen.

VATER UNSER

Heiliger Vater, am Abend des 13. März 2013 machte ich eine höchst bemerkenswerte Erfahrung. Ich hatte das Abendgebet gesprochen und saß vor dem Fernseher. Nach kirchlicher Tageseinteilung war für mich also schon der 14. März angebrochen, an dem meine Mutter Geburtstag hat. Und an jenem Abend des 13. März traten Sie auf den Balkon des Vatikans und verkündeten aller Welt, dass Sie sich künftig »Franziskus« nennen würden, Papst Franziskus. Sie müssen wissen, mein Vater heißt auch Franziskus ... Und da überkam mich mit einem Mal die Empfindung, Gott sei mir so nahe wie niemals zuvor. Aus diesem Grund wollte ich dieses Gespräch auch mit der Anrede »Heiliger Vater« beginnen. Weil der Begriff »Vater« sofort an Kinder denken lässt. Und »heilig«, weil Sie ein Vater sind, der die Heiligkeit Gottes verkündet. Genau mit diesem Punkt möchte ich beginnen, mit dem Begriff des »Vaters«, denn in dem Gebet, das mein Vater mich gelehrt hat, als ich noch ein kleiner

Junge war, im Vaterunser, *werden wir ehrfürchtig Zeuge, wie Gott seinen Geschöpfen gleichsam das Du anbietet. Ich würde nun gerne wissen, wie es für Sie ist, wenn Sie das Vaterunser sprechen und mit Gott auf Du und Du stehen, selbst heute für Sie als Papst.*

Mir schenkt es eine große Sicherheit. Das ist für mich der Anfang: Das Vaterunser gibt mir Sicherheit. Ich fühle mich nicht mehr entwurzelt, habe nicht mehr das Gefühl, ein Waisenkind zu sein. Ich habe einen Vater, der mir die Geschichte bringt. Er zeigt mir die Wurzel von allem, er beschützt mich, führt mich vorwärts. Er ist ein Vater, in dessen Angesicht ich mich stets als Kind fühlen darf, denn er ist groß, er ist Gott, und Jesus hat uns doch ermahnt, zu werden wie die Kinder. Gott schenkt uns die Sicherheit, die nur ein Vater uns geben kann. Aber er begleitet uns auch als Vater und wartet auf uns. Denken wir nur an die Gleichnisse in Kapitel 15 des Lukas-Evangeliums: die Geschichte vom verirrten Schaf und vom verlorenen Sohn … Da tritt uns ein Vater entgegen, der uns erwartet, wenn wir uns auf finsteren Pfaden verloren und den falschen Weg eingeschlagen haben. Wir wollen zurück zu ihm und zerbrechen uns den Kopf, was wir ihm zu unserer Entschuldigung sagen werden, er aber kommt uns entgegen, lässt uns nicht ausreden, umarmt uns und veranstaltet für uns ein Fest. Ein Vater, der uns ermahnt: »Gib acht. Bedenke dieses oder jenes.« Und uns doch die freie Wahl lässt. Ich glaube, dass die Welt heute den Sinn für die Qualitäten des Väterlichen ein wenig verloren hat. Unsere Welt krankt am Verwaistsein. Doch wenn wir im Vaterunser »unser« sagen, dann begreifen wir, dass wir keine Einzelkinder sind. Denn in diese Falle tappen wir als Christen häufig, wir fühlen uns als Einzelkinder. Nein, nein: Alle, auch der Geringste unter uns, sind wir Kinder desselben Vaters. Das sagt uns auch Jesus: Die Sünder, die Dirnen und die Ausgestoßenen sind es, die vor euch ins Himmelreich gelangen, samt und sonders.

Ja, vermutlich würden wir gern überall ein Schild anbringen, auf dem in großen Lettern steht: »Privateigentum!« Die Versuchung ist groß, etwas ganz allein für sich haben zu wollen. Es wäre ja leicht, zu einem Gott zu beten, der nur ein Kind hat, nämlich mich. Wenn wir aber wissen, dass der Vater »unser« ist, fühlen wir uns ein bisschen weniger allein, in den Momenten der Prüfung ebenso wie in unseren unbeschwerten Augenblicken.

ICH WERDE EUCH NICHT ALS WAISEN ZURÜCKLASSEN

Ein Wort ist für uns Christen bedeutsamer als jedes andere, denn es ist das Wort, das Jesus uns zur Anrede Gottes ans Herz gelegt hat: »Vater«. Der Sinn dieses Wortes hat eine ganz neue Tiefe erlangt durch die Art und Weise, wie Jesus selbst sich damit an Gott gewandt und seine ganz besondere Beziehung zu ihm ausgedrückt hat. Das heilige Geheimnis der Vertrautheit mit Gott – Vater, Sohn und Heiliger Geist –, das uns von Jesus offenbart wurde, ist das Herzstück unseres christlichen Glaubens.

»Vater« ist ein Wort, das jeder von uns kennt, ein universeller Begriff. Es verweist auf eine grundlegende Beziehung, die so alt ist wie die Geschichte der Menschheit. Heute aber sind wir an einen Punkt gekommen, dass wir unsere Gesellschaft als »Gesellschaft ohne Väter« bezeichnen müssen. Anders ausgedrückt: In unserer abendländischen Kultur ist die Figur des Vaters symbolisch abwesend, verschwunden, ja verdrängt worden. Im ersten Augenblick empfand man dies wohl als befreiend: Freiheit vom Vater als Herrschaftsinstanz; vom Vater als Repräsentanten des Gesetzes, das einem von außen auferlegt wird; vom Vater, der dem Glück seiner Kinder im Weg steht, weil er ihr Flüggewerden, ihre Unabhängigkeit behindert. Früher herrschte in der Familie zuweilen ein brutaler Autoritätsanspruch, der die Kinder manchmal regelrecht erstickte: Die Eltern behandelten ihre Kinder wie Sklaven, ohne jede Achtung vor deren persönlichen Bedürfnissen und ihrer ureigensten Entwicklung. Das waren Väter, die ihre Kinder nicht unterstützten, damit sie frei ihren Weg gehen konnten – auch wenn es nicht leicht ist, Kinder in Freiheit zu erziehen. Viele Väter lehrten ihre Kinder auch nicht, Verantwortung zu übernehmen, um so ihre eigene Zukunft und die der Gesellschaft zu gestalten.

Das ist sicher keine gute Haltung. Doch sind wir – wie das häufig geschieht – wohl von einem Extrem ins andere verfallen. Heute jedenfalls ist das Problem nicht mehr die übermächtige Präsenz der Väter, sondern eher deren Ferne, deren Abwesenheit. Die Väter sind bisweilen so mit sich selbst beschäftigt, mit ihrer Arbeit, ihrer individuellen Selbstverwirklichung, dass sie darüber die Familie vollkommen vergessen. Sie lassen die Kinder allein, kleine und große. Schon als ich Bischof in Buenos Aires war, spürte ich dieses Gefühl des Verwaistseins, unter dem die Kinder heute leiden. Dann fragte ich die Väter, ob sie mit ihren Kindern spielten, ob sie den Mumm und die Liebe hatten, um Zeit mit ihren Kindern zu »verlieren«. Die Antwort fiel in den meisten Fällen einfach und brutal aus: »Aber ich kann nicht, ich habe viel zu viel Arbeit …« Solche Väter waren nicht anwesend im Leben ihrer heranwachsenden Kinder. Sie spielten nicht mit ihnen, und sie »verloren« mit ihnen keine Zeit.

Ich aber möchte allen christlichen Gemeinschaften sagen: Wir müssen aufmerksamer werden. Die Abwesenheit der Vaterfigur im Leben von Kindern und Jugendlichen hinterlässt Wunden und Spuren, die sehr bitter sein können. Wenn Kinder und Jugendliche straucheln, dann hat das viel mit dieser Lücke in ihrem Leben zu tun, mit dem Fehlen eines sinnvollen Vorbilds und einer glaubwürdigen Führung im Alltag, mit dem Mangel an Nähe, mit dem Vorenthalten der elterlichen Liebe durch die Väter. Das Gefühl des Verwaistseins bei unseren Jugendlichen reicht tiefer, als wir uns das gemeinhin vorstellen.

Die Kinder sind verwaist in der Familie, weil die Väter häufig nicht greifbar sind. Das kann eine ganz konkrete physische Abwesenheit sein, aber auch die Abwesenheit in der Rolle als Vater. Denn wenn die Väter schon mal da sind, verhalten sie sich nicht wie Väter. Sie reden nicht mit ihren Kindern, sie verweigern sich ihrer Rolle als Erzieher. Sie können ihren Kindern nicht durch ihr Beispiel und durch gute Worte jene Prinzipien, Werte und Lebensregeln vermitteln, die diese ebenso nötig brauchen wie das tägliche Brot. Und die erzieherische Qualität der Vaterrolle ist ja umso wichtiger, je häufiger der Vater von Berufs wegen gezwungen ist, außer Haus zu sein. Manchmal scheint es, als wüssten die Väter heutzutage nicht mehr, welche Rolle sie in der Familie einnehmen sollen, ja wie sie ihre Kinder erziehen können. Und da halten sie sich im Zweifel lieber heraus, ziehen sich zurück und vernachlässigen ihre Pflichten. Mitunter suchen sie auch Zuflucht in einer Beziehung »auf Augenhöhe«, die jedoch mit den eigenen Kindern schwierig ist. Natürlich sollen sie der »Kamerad« ihrer Kinder sein, aber ohne zu vergessen, dass sie gleichwohl der Vater sind! Wenn sie sich benehmen wie einer der Schulkameraden ihres Sohnes, dann tun sie dem Jungen damit nichts Gutes.

Und dasselbe Problem zeigt sich dann auch in unserer Zivilgesellschaft. Die Zivilgesellschaft mit all ihren Institutionen trägt eine gewisse – man könnte fast sagen »väterliche« – Verantwortung den jungen Menschen gegenüber, die sie jedoch nicht selten vernachlässigt oder nur unzureichend wahrnimmt. Auch die Zivilgesellschaft lässt die jungen Leute also verwaist zurück und bietet ihnen keine echte Perspektive. Die jungen Menschen sind verwaist, weil sie keine sicheren Wege sehen, die sie beschreiten könnten; weil sie keine Lehrer haben, denen sie vertrauen könnten; weil sie keine Ideale kennen, die ihnen das Herz erwärmen; weil sie keine Werte und Hoffnungen haben, auf die sie sich im Alltag stützen könnten. Man setzt ihnen Idole vor, doch man stiehlt ihnen das Herz. Man verführt sie zu Tagträumen von allerlei Zerstreuungen und Vergnügungen, aber man gibt ihnen keine Arbeit. Man lässt ihnen den Götzen »Geld« vor der Nase baumeln, aber verweigert ihnen wahren Reichtum.

Es ist also für Väter und Kinder gleichermaßen wichtig, ihr Herz für das Versprechen zu öffnen, das Jesus seinen Jüngern gemacht hat: »Ich werde euch nicht als Waisen zurücklassen.« (Johannes 14,18) Denn er ist der

Weg, den es einzuschlagen gilt, der Meister, auf den wir hören sollten, die Hoffnung, dass die Welt sich ändern kann, dass Liebe über den Hass obsiegt, dass es für uns alle eine Zukunft der Brüderlichkeit und des Friedens gibt.

Padre nostro che sei nei cieli,

sia santificato il tuo nome,

venga il tuo regno,

sia fatta la tua volontà

come in cielo così in terra.

Dacci oggi il nostro pane quotidiano,

e rimetti a noi i nostri debiti

come noi li rimettiamo ai nostri debitori,

e non ci indurre in tentazione,

ma liberaci dal male.

Vater unser im Himmel,

geheiligt werde Dein Name.

Dein Reich komme.

Dein Wille geschehe,

wie im Himmel so auf Erden.

Unser tägliches Brot gib uns heute.

Und vergib uns unsere Schuld,

wie auch wir vergeben unsern Schuldigern.

Und führe uns nicht in Versuchung,

sondern erlöse uns von dem Bösen.

IM HIMMEL

Diese Verortung »im Himmel«: Was mich daran interessiert, ist die Nähe des Menschen, der zu Gott »Vater« sagt, und gleichzeitig diese Distanz. Im Raum zwischen dieser Nähe und dieser Distanz werden die Religionen geboren. Vielleicht ist ja das Schönste an unserer Religion, dass es nicht der Mensch ist, der Gott sucht, sondern Gott, der sich aufmacht zum Menschen. Was also ist »der Himmel«?

»Der Himmel« steht für die Größe Gottes, für seine Allmacht. Er ist der Anfang. Er ist gewaltig. Er hat uns geschaffen. »Der Himmel« oder »die Himmel«, wie es im griechischen Urtext heißt, stehen für die Grenzenlosigkeit seiner Macht, seiner Liebe, seiner Schönheit. Denken wir nur an den Gott Abrahams, der ihm erscheint und sagt: »Ich bin Gott, der Allmächtige. Geh deinen Weg vor mir und sei rechtschaffen!« Schau auf den Weg, geh vorwärts, glaube, hoffe und lasse nicht nach darin. Ein sehr naher Gott also. Aber denken wir auch an den Gott vom Sinai, der sich so offenbart: »Am dritten Tag im Morgengrauen begann es zu donnern und zu blitzen. Schwere Wolken lagen über dem Berg und gewaltiger Hörnerschall erklang.« (Ex 19,16) Und weiter: »Der ganze Sinai war in Rauch gehüllt, denn der Herr war im Feuer auf ihn herabgestiegen. Der Rauch stieg vom Berg auf wie Rauch aus einem Schmelzofen.« (Ex 19,18) Gott offenbart sich im Glanz, im Licht, im Rauch, in der Wolke. Er zeigt sich uns in seiner ganzen schrecklichen Majestät, und das ist oft schwer zu verstehen. Du sollst, ich soll, wir sollen sagen: »Vater unser im Himmel«, aber nicht aus einem Gefühl der Demütigung heraus. Da fällt mir etwas ein, was ich als Kind erlebt habe, als ich fünf oder sechs Jahre alt war. Damals hat man mich am Hals operiert, um mir … ich weiß nicht, wie das jetzt auf Italienisch heißt … auf Spanisch sind es *amígdalas*.

Das wären auf Italienisch »tonsille«, die Mandeln …

Um mir also die Mandeln herauszunehmen. Damals hat man das noch ohne Narkose gemacht. Man hielt dir das Eis vor die Nase, das du danach zur Belohnung bekommen solltest. Dann führte der Arzt ein Instrument in den Mund ein, der Pfleger hielt dich fest. Du konntest den Mund nicht schließen und der Arzt schnitt mit einer Schere beide Mandeln ab, ohne jede Betäubung. Dann drückte man dir das Eis in die Hand und fertig. Nach der Operation konnte ich vor Schmerz nicht sprechen. Papa hat ein Taxi gerufen, und wir sind nach Hause gefahren. Dort angekommen stiegen wir aus und Papa bezahlte das Taxi. Das beschäftigte mich, und so fragte ich ihn zwei Tage später, als ich wieder reden konnte: »Papa, warum hast du den Mann im Auto bezahlt?« Er erklärte mir, dass es ein Taxi war. »Ach, das war nicht dein Auto?«, fragte ich nach. Irgendwie glaubte ich damals, mein Vater sei Herr über alle Autos in der ganzen Stadt! Diese kindliche Erfahrung mit einem Vater, der uns Dinge beibringt und erklärt, zeigt uns, wie unsere Beziehung zu Gott aussieht, führt uns seine Größe vor Augen, aber auch seine Nähe. Er ist dieser große Gott, dem Ruhm und Ehre gebührt. Aber gleichzeitig ist er mit dir, und wenn es nötig ist, schenkt er dir sogar ein Eis.

Mich beschäftigt der Begriff des »Verwaistseins«. Ich habe einen Freund, der einmal zu mir sagte: »Mich interessiert nicht, ob da ein Vater ist. Und wenn einer da ist, dann ist das auch sein Problem.« Ein andermal habe ich einen

Häftling (und zugleich eines meiner Pfarrkinder, da meine Pfarre das Gefängnis ist) gefragt: »Aber warum bist du als Junge von zu Hause weggegangen?« Und er antwortete: »Weil die Luft um meinen Vater kaum noch zum Atmen war.« Und doch sind beide am Ende zu ihren Vätern zurückgekehrt, als diese im Sterben lagen, um sich von ihnen zu verabschieden. Das ist vielleicht die zeitgenössische Version des Gleichnisses in Kapitel 15 des Lukas-Evangeliums: Wir kehren nicht nach Hause zurück, weil wir Hunger haben, sondern weil wir wissen, dass da ein Vater ist, der auf uns wartet.

Ja, er ist immer da und wartet auf uns. »Im Himmel« ist er groß und stark und majestätisch – denn das heißt es, wenn wir sagen »der du im Himmel bist«. Aber gleichzeitig ist er nah und geht mit uns unseren Weg.

DIE VÄTER UND DAS VATERUNSER

Das ist schon mal die erste Notwendigkeit für einen Vater: dass er in der Familie präsent ist. Dass er seiner Frau zur Seite steht, dass er mit ihr alles teilt, Freude und Kummer, Mühe und Hoffnung. Und dass er den Kindern beim Erwachsenwerden nahe ist: wenn sie spielen, wenn sie ihre Aufgaben machen, wenn sie ausgelassen und wenn sie ängstlich sind, wenn sie sich ausdrücken, wenn sie in Schweigen versinken, wenn sie mutig sind oder Angst haben, wenn sie einen falschen Schritt tun und auf ihren Weg zurückfinden. Ein präsenter Vater ist immer dabei. Und »präsent« heißt hier nicht »kontrollierend«! Denn die Kontrollväter richten ihre Kinder zugrunde, indem sie sie nicht wachsen lassen.

Das Evangelium spricht auch von der Beispielhaftigkeit des Vaters im Himmel – dem Einzigen, der Jesus zufolge tatsächlich »gut« genannt werden kann (Markus 10, 18). Jeder kennt das bemerkenswerte Gleichnis vom »verlorenen Sohn« oder besser vom »barmherzigen Vater« aus dem Lukas-Evangelium (15,11–32). Wie viel Würde und wie viel Zärtlichkeit steckt in dieser Vaterfigur, der am Tor seines Hofes wartet, dass sein Sohn zurückkehrt! Väter brauchen Geduld. Denn häufig kann man nichts anderes tun als abzuwarten; beten und warten voller Geduld, Sanftmut, Großzügigkeit, Barmherzigkeit.

Ein guter Vater kann warten und kann von ganzem Herzen vergeben. Natürlich kann er auch aus Charakterfestigkeit korrigierend eingreifen: Er ist ja keine schwache, wachsweiche oder sentimentale Gestalt. Ein Vater, der zurechtweisen kann, ohne zu demütigen, wird sein Kind auch ohne Wenn und Aber beschützen. Ich kann mich noch an ein Gespräch zur Ehevorbereitung erinnern, bei dem ein Vater meinte: »Ich muss meinen Kindern manchmal einen Klaps geben … aber nie eine Ohrfeige, denn ich will sie nicht demütigen.« Wunderbar! Dieser Vater hat ein Gespür für die Würde seiner Kinder. Er muss sie bestrafen, tut das aber auf eine angemessene Weise, und danach ist die Sache vergessen.

Wenn es also jemanden gibt, der das Gebet des *Vaterunsers*, das Jesus uns gelehrt hat, bis ins Kleinste erklären kann, dann ist dies ein Mensch, der das Vatersein selbst lebt. Ohne die Gnade, die uns vom Vater im Himmel zuteilwird, verlieren die Väter den Mut und räumen das Feld. Aber die Kinder brauchen einen Vater, der sie erwartet, wenn sie sich vom falschen Weg abwenden und zurückkehren. Sie würden sich lieber die Zunge abbeißen, bevor sie das zugeben oder zeigen, aber sie brauchen ihn tatsächlich. Finden sie ihn dann nicht, schlägt das Wunden, die so tief sind, dass sie nicht mehr heilen.

Unsere Mutter Kirche tut ihr Möglichstes, um die positive und weitherzige Präsenz der Väter in den Familien zu unterstützen, denn sie sind die Hüter der neuen Generation, die unersetzlichen Mittler des Glaubens an Güte, Gerechtigkeit und die schützende Hand Gottes. Wie der Heilige Josef.

Padre nostro che sei nei cieli,

sia santificato il tuo nome,

venga il tuo regno,

sia fatta la tua volontà

come in cielo così in terra.

Dacci oggi il nostro pane quotidiano,

e rimetti a noi i nostri debiti

come noi li rimettiamo ai nostri debitori,

e non ci indurre in tentazione,

ma liberaci dal male.

Vater unser im Himmel,

geheiligt werde Dein Name.

Dein Reich komme.

Dein Wille geschehe,

wie im Himmel so auf Erden.

Unser tägliches Brot gib uns heute.

Und vergib uns unsere Schuld,

wie auch wir vergeben unsern Schuldigern.

Und führe uns nicht in Versuchung,

sondern erlöse uns von dem Bösen.

GEHEILIGT WERDE DEIN NAME

Das Vaterunser fährt auf fast schon peinliche Weise fort: »Geheiligt werde Dein Name.« Dabei kommt mir immer ein Ausdruck in den Sinn, der in meinem Dorf gang und gäbe war: »Er legt viel Wert auf seinen guten Namen«. Wie sieht nun ein Papst dieses Heiligen des göttlichen Namens, der ja an sich schon heilig ist? Hat jemand vielleicht diese Heiligkeit entweiht und wir bitten Gott, er möge ihn mit seiner Gnade wieder reinwaschen?

»Geheiligt werde Dein Name« in uns, in mir. Denn häufig legen wir Christen eher ein trauriges, hässliches Zeugnis ab. Wir nennen uns Christen, wir behaupten, einen Vater zu haben, doch wir leben wie … Ich sage nicht, wie die Tiere, aber doch wie Menschen, die nicht an Gott und nicht an den Menschen selbst glauben.

Wir leben ohne Glauben und tun Böses. Wir leben nicht in der Liebe, sondern im Hass, im Wettbewerb, im Krieg. Ist denn sein Name geheiligt in den Christen, die sich um der Macht willen bekämpfen? Ist er geheiligt im Leben von Leuten, die einen Killer bezahlen, um sich eines Feindes zu entledigen? Ist er geheiligt im Leben all jener, die sich nicht um ihre Kinder kümmern? Nein, da ist der Name Gottes eben nicht geheiligt.

Mir ist bei einem Erlebnis, das ich kürzlich in der Haftanstalt hatte, unwillkürlich eine Ihrer Predigten in den Sinn gekommen. Einer meiner Schutzbefohlenen dort schläft jedes Mal ein, wenn er in der Kirche sitzt. Eines Tages habe ich versucht, ihn darauf anzusprechen: »Hör mal, es ist vielleicht keine so gute Idee, immer in der Kirche zu schlafen.« Und er antwortete: »Weißt du, ich bin nicht ganz richtig im Kopf. Ich kann einfach nirgendwo schlafen. Der einzige Augenblick, in dem ich wirklich alle Gedanken loslassen kann, ist, wenn ich in der Kirche sitze.« Dabei ist mir dann eingefallen, wie Sie einem jungen Mann, der Ihnen gestanden hat: »Ich schlafe manchmal in der Kirche ein«, geantwortet haben: »Das ist unwichtig. Er sieht dich trotzdem an.« Der Mann in der Haftanstalt hat mich gelehrt, was es heißt, den Namen Gottes zu heiligen, also zu beten.

Sich von ihm ansehen lassen. Auch ich schlafe manchmal beim Beten ein. Auch Thérèse von Lisieux sagte, dass ihr das mitunter passiere. Aber Gott, dem Herrn, dem Vater gefällt es, wenn seine Kinder schlafen. Und in Psalm 131 heißt es: »Ich ließ meine Seele ruhig werden und still wie ein kleines Kind bei der Mutter.« Das ist eine Art, den Namen Gottes zu heiligen: mich in seinen Händen zu fühlen wie ein Kind.

Und doch ist der Name Gottes ja Barmherzigkeit.

Das ist richtig, Er ist Barmherzigkeit. Er vergibt alles, wirklich alles. Einmal kam eine Kopie der Madonnenstatue von Fatima nach Buenos Aires, und man hielt eine Messe ab für die Kranken. Ein riesiges Stadion hatte sich ganz mit Menschen gefüllt. Ich war damals Bischof und habe dort die Beichte abgenommen, vor und auch noch während der Messe. Irgendwann war niemand mehr da, und ich stand auf, um zu gehen, weil ich andernorts eine Taufe zu spenden hatte. Da kam eine alte Dame auf mich zu, ganz in Schwarz gekleidet, wie es im Süden Italiens die Menschen immer noch tun, wenn sie Trauer tragen. Doch ihre Augen funkelten lebhaft. »Sie wollen beichten«, sagte ich zu ihr, »dabei haben Sie gar keine Sünden.« Sie stammte aus Portugal und antwortete mir: »Sünden haben wir alle …« »Aber dann müssen Sie aufpassen: Vielleicht vergibt Gott Ihnen die Ihren nicht.« Sie aber verkündete im Brustton der Überzeugung: »Gott vergibt alles.« Da hakte ich nach: »Woher wollen Sie das wissen?« »Wenn Gott nicht alles vergäbe«, lautete ihre Antwort, »dann würde die Welt nicht existieren.« Am liebsten hätte ich zu ihr gesagt: »Sie haben wohl an der Päpstlichen Universität studiert?« Das ist die Weisheit des einfachen Volkes. Diese Menschen wissen, dass sie einen Vater haben, der immer für sie da ist: Gott wartet nicht, bis du an seine Tür klopfst. Er klopft vielmehr an die deine, um dein Herz in Unruhe zu versetzen. Er wartet auf dich. Und das würde ich jetzt gerne auf Spanisch sagen: *Dios nos primerea.*

Gott kommt uns zuvor.

Ja, er kommt uns zuvor. Das ist Barmherzigkeit.

Ein Priester meiner Diözese hat Barmherzigkeit in der Haftanstalt einmal so erklärt: »Jesus sagt zu uns: ›Ihr habt einen Fehler gemacht? Kein Problem, die Zeche zahle ich.‹« Wunderbar, so ein Gott, der uns zuvorkommt.

MIT DEM GEBET AM HEILSGESCHEHEN TEILHABEN

In Kapitel 11 des Lukas-Evangeliums betet Jesus für sich. Als er geendet hat, bitten die Jünger ihn: »Herr, lehre uns zu beten.« Und Jesus antwortet: »Wenn ihr betet, so sprecht: ›Vater …‹« (Lk 11,1–2) Dieses Wort ist das »Geheimnis« dieses Gebets, der Schlüssel, den Jesus selbst uns gibt, damit auch wir in diesen vertraulichen Dialog mit dem Vater eintreten können, der ihn während seines ganzen Lebens begleitet und unterstützt hat.

Der Anrede »Vater« lässt Jesus zwei Bitten folgen: »Geheiligt werde Dein Name. Dein Reich komme.« (Lk 11,2) Im Gebet, das Jesus uns gelehrt hat, dem Gebet der Christenheit, geht es vor allem darum, Gott Platz zu machen, damit er seine Heiligkeit in uns wirken lassen kann, sodass sein Reich näher rückt. Weil er die Möglichkeit hat, seine Herrschaft der Liebe in unserem Leben auszuüben.

Drei weitere Bitten vervollständigen das Gebet, Bitten, die mit unseren grundlegenden Bedürfnissen zu tun haben: Brot, Vergebung und Hilfe in der Versuchung. (Lk 11,3–4) Man kann ohne Brot ebenso wenig leben wie ohne Vergebung und ohne die Unterstützung Gottes, wenn uns die Versuchung überfällt. Das Brot, um das Jesus uns bitten lässt, ist das, was wir täglich brauchen, nicht mehr. Das Brot der Pilger, der Gerechten. Ein Brot, das sich nicht ansammelt und verdirbt, das unseren Gang nicht erschwert. Die Vergebung ist jene, die wir selbst von Gott erfahren: Nur das Bewusstsein, dass wir selbst Sünder sind, denen durch die unendliche Gnade Gottes vergeben wurde, versetzt uns in die Lage, uns in konkretem Tun unseren Brüdern und Schwestern zuzuwenden. Wenn ein Mensch sich nicht als Sünder fühlt, dem Vergebung zuteilwurde, kann er selbst nicht vergeben, kann er nicht nach Versöhnung streben. Diese Haltung beginnt im Herzen, wo wir tief in uns wissen, dass uns vergeben wurde. Die letzte Bitte: »Und führe uns nicht in Versuchung!« drückt eben das Bewusstsein unserer Lage aus: Wir sind ständig den Versuchungen des Bösen und der Verderbnis ausgesetzt. Wir wissen doch alle, wie die Versuchung aussieht!

Jesus setzt seine Ausführungen zum Beten mit zwei Gleichnissen fort. Er nennt als Beispiele einen Mann und seinen Umgang mit Freunden beziehungsweise einen Vater im Umgang mit seinem Sohn: (Lukas 11,5–12) Beide sollen uns zeigen, dass wir vollstes Vertrauen in Gott haben können, weil er eben Vater ist. Er kennt unsere Bedürfnisse besser als wir selbst, aber er möchte, dass wir sie kühn und nachdrücklich vortragen, denn das ist unsere Möglichkeit, an seinem Heilswirken teilzuhaben. Das Gebet ist das erste und wichtigste »Arbeitsmittel«, das wir in Händen haben! Beharrlich bei Gott zu sein heißt ja nicht, dass wir ihn überzeugen müssen. Unsere Beharrlichkeit stärkt vielmehr unseren Glauben und unsere Geduld, also unsere Fähigkeit, uns mit Gott gemeinsam für wichtige und notwendige Dinge einzusetzen. Im Gebet sind wir zu zweit: Gott und ich kämpfen gemeinsam für alles, was wichtig ist.

Das Allerwichtigste aber ist das, was Jesus an dieser Stelle im Evangelium nennt, auch wenn wir quasi nie darum bitten: der Heilige Geist. »Gib mir den Heiligen Geist!« Und was sagt Jesus dazu: »Wenn nun schon ihr, die ihr böse seid, euren Kindern gebt, was gut ist, wie viel mehr wird der Vater im Himmel den Heiligen Geist denen geben, die ihn bitten.« (Lukas 11,13) Der Heilige Geist! Wir sollen darum bitten, dass der Heilige Geist zu uns komme. Aber wozu brauchen wir den Heiligen Geist? Um gut zu leben. Um ein Leben voller Weisheit und Liebe zu führen und den Willen Gottes zu tun. Wäre das nicht ein schönes Gebet, zum Beispiel für diese Woche? »Vater, schenk mir den Heiligen Geist!« Die Madonna zeigt es uns mit ihrem ganzen Dasein, das vom Heiligen Geist Gottes erfüllt ist. Möge sie uns helfen, gemeinsam mit Jesus zum Vater zu beten, um kein weltliches Leben zu führen, sondern ein Leben im Lichte des Evangeliums, gelenkt vom Heiligen Geist.

Padre nostro che sei nei cieli,

sia santificato il tuo nome,

venga il tuo regno,

sia fatta la tua volontà

come in cielo così in terra.

Dacci oggi il nostro pane quotidiano,

e rimetti a noi i nostri debiti

come noi li rimettiamo ai nostri debitori,

e non ci indurre in tentazione,

ma liberaci dal male.

Vater unser im Himmel,

geheiligt werde Dein Name.

Dein Reich komme.

Dein Wille geschehe,

wie im Himmel so auf Erden.

Unser tägliches Brot gib uns heute.

Und vergib uns unsere Schuld,

wie auch wir vergeben unsern Schuldigern.

Und führe uns nicht in Versuchung,

sondern erlöse uns von dem Bösen.

DEIN REICH KOMME

Dann ist da der dritte Vers: »Dein Reich komme.« Jesus ist ja gekommen. Die Menschwerdung begab sich in Bethlehem zur großen Verwunderung der Menschheit. Aber ich habe manchmal das Gefühl, dieses großartige »Maranatha«, das altaramäische Gebet um die Wiederkunft des Herrn in der frühen Kirche, immer noch erklingen zu hören: »Komm, Herr Jesus.« Dabei gibt es im Evangelium viele Stellen, in denen es heißt, das Reich Gottes sei schon da. Als wolle man sagen: »Bekehrt euch. Glaubt an das Evangelium.« Doch im dritten Vers des Gebetes hat das Verb einen anderen Modus. Da heißt es: »Komme«. Das ist eine Aufforderung, die sich an die Zukunft richtet. Ich weiß, dass es früher oder später geschehen wird, aber eines würde mich dann doch interessieren: Wie stellt man es an, das Reich Gottes in der Entstehung zu sehen?

Das Reich Gottes existiert. Es wird kommen. Es ist der Schatz, der im Acker verborgen liegt. Es ist die kostbare Perle, für die der Händler all sein Hab und Gut verkauft (Matthäus 13,44–46). Das Reich Gottes ist der Weizen, der neben dem Unkraut wächst, und gegen das Unkraut müssen wir ankämpfen. (Matthäus 13,24–40) Das Reich Gottes aber ist auch Hoffnung. Es kommt jetzt, aber es ist noch nicht ganz da. Das Reich Gottes ist gekommen. Jesus ist Fleisch geworden. Er ist Mensch geworden unter uns Menschen. Er ist unter uns und schenkt uns Hoffnung für das Morgen: »Ich bin bei euch alle Tage bis zum Ende der Welt.« (Matthäus 28, 20) Das Reich Gottes ist unser Besitz, ist Wirklichkeit. Aber es ist besser, den Blickwinkel zu ändern: der Gewissheit Raum zu geben, dass es tatsächlich gekommen ist. Und gleichzeitig besteht da die Notwendigkeit, den Anker zu werfen und sich ans Seil zu klammern, damit es kommen kann. Beide Bewegungen sind wichtig.

Die beiden Zeitstufen des Heils: das »schon jetzt« und das »noch nicht«. Ich möchte ja nicht den Sinn des Evangeliums verdrehen, aber ich verbinde mit dem Reich Gottes immer ein bestimmtes Bild. Mein Vater hat mir, als ich noch klein war, die Geschichte von Don Lorenzo Milani erzählt. Und ich weiß, dass Sie erst kürzlich in Barbiana waren, wo Don Lorenzo seine Schule hatte. Für mich ist Barbiana sozusagen ein Stück des Himmelreichs. Ich jedenfalls stelle mir das so vor, wenn ich arme Menschen sehe, die dort ihr Schicksal wieder in die Hand nehmen können. Dort entsteht für mich das Reich Gottes, in Barbiana, in Bozzolo, wo Don Primo Mazzolari für die Armen tätig war. Aber auch in den Gefängnissen, vielleicht sogar gelegentlich bei mir zu Hause. Liege ich da falsch?

Nein, ganz und gar nicht. In Barbiana hat mich besonders das Motto der Schule beeindruckt: »I care«. Mir ist das wichtig. Das ganze Gegenteil des faschistischen: »Was geht mich das an?« Das sollten wir uns zu Herzen nehmen. Dabei fällt mir ein Satz ein, der möglicherweise von dem Dichter Charles Péguy stammt: »Der eigentliche Protagonist der Geschichte ist der Bettler.« Die Geschichte wird von den Ärmsten vorangetragen, und sie sind die Protagonisten des Heils. Jesus ist mit ihnen und mit allen, aber als er zur Hochzeit lud, sagte er: »Alle sollen kommen, Gute und Schlechte, einfach alle.« Er zieht also die Armen vor. Der Protagonist der Geschichte ist der Bettler, aber nicht nur der Mensch, der arm an materiellen Dingen ist, sondern auch wir, die geistigen Bettler: »Dein Reich komme,

Herr, denn ohne Dich vermögen wir nichts.« Wenn wir sagen: »Dein Reich komme«, dann machen wir uns ans Betteln.

Wie schön! Das Reich der Bettler!

DAS REICH GOTTES ERFORDERT UNSERE MITARBEIT

Das Evangelium für den heutigen Tag umfasst zwei sehr kurze Gleichnisse: jenes vom Samen, der von selbst sprießt, und das vom Senfkorn. (Markus 4,26–34) Mit diesen Bildern aus der bäuerlichen Welt erklärt Jesus die Effizienz des Gotteswortes und die Voraussetzungen des Himmelreichs. Er zeigt uns, warum wir Grund zur Hoffnung haben und warum die Geschichte unser Engagement erfordert.

Im ersten Gleichnis wird unsere Aufmerksamkeit auf die Tatsache gelenkt, dass der Same, einmal in die Erde gelegt, *aufgeht und sich von selbst entwickelt*, ob der Bauer nun schläft oder wacht. Er hat Vertrauen in die innere Kraft des Samens und die Fruchtbarkeit der Erde. In der Sprache des Evangeliums steht der Same symbolisch für das Wort Gottes, dessen Fruchtbarkeit mit diesem Gleichnis veranschaulicht wird. Wie der einfache Same in der Erde Wurzeln schlägt, so wirkt das Wort mit der Kraft Gottes im Herzen desjenigen, der es vernimmt. Gott hat sein Wort unserer Erde anvertraut, es jedem Einzelnen von uns in unserer konkreten Menschlichkeit anheimgegeben. Wir dürfen Vertrauen haben, weil das Gotteswort schöpferisch ist. Es ist dazu bestimmt, »das volle Korn in der Ähre« zu werden. (Markus 4,28) Dieses Wort wird, wenn es aufgenommen wird, Früchte tragen, weil Gott selbst es aufgehen und reifen lässt, auf Wegen, die wir nicht verstehen, auf eine Art, deren Wie wir nicht kennen. (Markus 4,27) All das macht deutlich, dass es immer Gott ist, der sein Reich wachsen lässt. Aus diesem Grund bitten wir: »Dein Reich komme.« Er ist es, der es zum Wachsen bringt, doch der Mensch ist sein demütiger Mitarbeiter, der das göttliche Tun kontempliert und sich daran erfreut, während er geduldig die Früchte erwartet.

Das Wort Gottes lässt wachsen, schenkt Leben. Daher möchte ich hier noch einmal darauf hinweisen, wie wichtig es ist, das Evangelium, die Bibel immer bei der Hand zu haben. Es gibt ja sogar kleine Ausgaben für die Hosentasche. Oder die Handtasche, natürlich. Wir sollten uns jeden Tag mit dem lebendigen Wort Gottes nähren: Jeden Tag ein wenig im Evangelium lesen, ein Stück in der Bibel. Vergesst das bitte nicht. Denn dies ist die Kraft, die in uns das lebendige Reich Gottes keimen lässt.

Das zweite Gleichnis spricht vom Senfkorn. Obwohl es das kleinste unter den Samenkörnern ist, so steckt es doch voller Leben und »geht auf und wird größer als alle anderen Gewächse«. (Markus 4,32) So ist das auch mit dem Reich Gottes: eine Realität nach Menschenmaß und daher scheinbar wenig relevant. Um Zutritt zu finden, müssen wir arm im Herzen sein. Wir dürfen uns nicht auf unsere eigenen Fähigkeiten verlassen, sondern auf die Kraft der göttlichen Liebe. Wir sollen nicht handeln, damit wir in den Augen der Welt Bedeutung erlangen, sondern damit wir wertvoll werden in den Augen Gottes, der die Einfachen und Demütigen vorzieht. Wenn wir so leben, bricht in uns die Kraft Christi durch und verwandelt alles, was klein und bescheiden ist, in eine Wirklichkeit, die die ganze Welt und die ganze Geschichte zum Brodeln bringt.

Beide Gleichnisse enthalten für uns eine wichtige Lehre: Das Reich Gottes verlangt *unsere Mitarbeit*, aber vor allem ist es *Initiative und Geschenk des Herrn*. Unsere schwachen Werke, scheinbar so klein im Angesicht der komplexen Vielfalt weltlicher Probleme, scheuen die

Schwierigkeit nicht, wenn wir sie in Gott tun. Der Sieg des Herrn ist sicher: *Seine Liebe lässt jeden Samen des Guten aufgehen und wachsen, den es auf dieser Erde gibt.* Dies öffnet uns für das Vertrauen und die Hoffnung, trotz aller Dramen, Ungerechtigkeiten und Leiden, die uns begegnen. Der Samen des Guten und des Friedens keimt und entwickelt sich, denn es ist die barmherzige Liebe Gottes, die ihn reifen lässt.

Die Heilige Jungfrau, in der der Same des Gotteswortes »fruchtbare Erde« gefunden hat, unterstützt uns in dieser Hoffnung, die niemals fehlgeht.

Padre nostro che sei nei cieli,

sia santificato il tuo nome,

venga il tuo regno,

sia fatta la tua volontà

---

come in cielo così in terra.

Dacci oggi il nostro pane quotidiano,

e rimetti a noi i nostri debiti

come noi li rimettiamo ai nostri debitori,

e non ci indurre in tentazione,

ma liberaci dal male.

Vater unser im Himmel,

geheiligt werde Dein Name.

Dein Reich komme.

Dein Wille geschehe,

wie im Himmel so auf Erden.

Unser tägliches Brot gib uns heute.

Und vergib uns unsere Schuld,

wie auch wir vergeben unsern Schuldigern.

Und führe uns nicht in Versuchung,

sondern erlöse uns von dem Bösen.

DEIN WILLE GESCHEHE, WIE IM HIMMEL SO AUF ERDEN

Die Bitte »Dein Reich komme« passt auch sehr gut zu dem, was sich ihr anschließt: »Dein Wille geschehe.« Ich muss gestehen, Papst Franziskus, dass selbst ich als Priester manchmal nicht unterscheiden kann zwischen meinem Willen und dem Willen Gottes. Ein bisschen geht es mir dabei wie Donna Prassede, der Figur aus Manzonis berühmtem Roman »Die Brautleute«: Diese verwechselt auch den Himmel mit ihrem eigenen Kopf, nur um am Ende zu sagen: »Ich habe getan, was der Himmel von mir wollte.« Darin scheint vielleicht schon auf, was heute die ganze Welt zu glauben scheint: »Das ist doch nur die übliche christliche Passivität. Die lassen alles über sich ergehen, was passiert.« Im Widerspruch dazu möchte ich sagen: Den Willen Got-

tes zu tun heißt, Raum zu lassen für Gott, damit er uns an sich ziehen kann.

Nehmen wir die zehn Gebote, die Gott seinem Volk vor dessen Pilgerreise ins Gelobte Land offenbart hat. Sie sind sozusagen das Herzstück des göttlichen Willens. Da fällt doch sofort ins Auge, dass nur drei dieser Gebote sich auf Gott selbst beziehen. Die anderen sieben haben mit unserem Umgang mit den Mitmenschen zu tun: Es ist der Wille Gottes, dass wir nicht stehlen, nicht töten, nichts Böses tun, nicht lügen … In Wahrheit heißt dies, dass wir auf einem Weg wandeln, der sich verbreitert, je tiefer der Sinn ist, mit dem wir ihn zu erfüllen vermögen. Er wird breiter und gleichzeitig subtiler, weil unsere Seele sich verfeinert. Die kleinen Gesten des göttlichen Willens, die kleinen Gesten. Wenn wir aufrichtig und offen gegenüber dem Herrn sind, wird es uns gelingen, Gottes Willen zu tun, weil er seinen Willen nicht verbirgt. Er macht ihn jenen deutlich, die ihn suchen. All jenen aber, die sein Wille nicht interessiert, drängt er ihn nicht auf. Aber er wartet auf sie. Er wartet ständig.

Der Wille Gottes ist es, dass nichts und niemand verloren geht …

Dass nichts und niemand verloren geht.

Ein Gott, der uns erwartet. Ich weiß, dass Sie Jorge Luis Borges lieben, der einmal geschrieben hat: »Aber in einem Winkel des Verlieses gibt es vielleicht […] Lücken […], in den Rissen ist Gott, der lauert.«

Ja, unser Gott ist ein Gott, der wartet. Wenn er bemerkt, dass jemand sich verirrt hat, dann verlässt er jene, die auf einem guten Weg sind, und sucht nach denen, die sich verlaufen haben.

DAS UNEINGESCHRÄNKTE JA MARIAS ZU GOTTES WILLEN

Die Lesung zur heutigen Feier der Unbefleckten Empfängnis der Heiligen Jungfrau Maria umfasst zwei ganz entscheidende Textstellen für die Beziehung zwischen Mensch und Gott: Man könnte beinahe sagen, dass sie uns an den Ursprung von Gut und Böse führen.

In der Genesis stoßen wir auf das erste Nein, das ursprüngliche Nein, das menschliche Nein, als der Mensch den Blick lieber auf sich richtete denn auf seinen Schöpfer. Er wollte alles nach seinem Kopf machen und entschied sich dafür, sich selbst genug zu sein. Aber auf diese Weise hat er sich aus der Einheit mit Gott gelöst. Er hat sich selbst verloren und Ängste entwickelt. Er hat sich versteckt und andere angeklagt, die ihm nahe waren. (Genesis 3,10–12) Eben das sind die Symptome: Angst ist immer ein Symptom für ein Nein zu Gott. Sie zeigt, dass ich Gott verneine. Andere anzuklagen, statt den Blick auf sich selbst zu richten, ist ein deutlicher Beleg, dass ich mich von Gott entfernt habe. Das ist das Wesen der Sünde. Doch der Herr überlässt dem Menschen nicht einfach seinen negativen Impulsen. Er sucht ihn und stellt ihm die Frage: »Wo bist du?« (Vers 9) Als wolle er sagen: »Halt ein. Denk nach: Wo bist du?« Die Frage einer Mutter oder eines Vaters, die nach ihrem Kind suchen. »Wo bist du? In welche Situation hast du dich denn jetzt gebracht?« Gott tut dies mit unendlicher Geduld, bis der Angesprochene die Distanz zum Ursprung überwunden hat, die sich eingeschlichen hat. Das ist die eine Textstelle.

Die zweite Textstelle, um die es heute gehen soll, macht deutlich, dass Gott, wenn er unter uns ist, ein Mensch ist wie wir. Und das war nur möglich, weil ein anderer Mensch Ja gesagt hat, ein großes Ja. Das Wort der Sünde war das Nein, dieses Wort aber ist ein großes Ja – das Ja Marias im Augenblick der Verkündigung. Aufgrund dieses Jas hat Jesus seinen Weg auf den Straßen der Menschheit eingeschlagen. Er hat diesen Weg in Maria begonnen. Seine ersten Lebensmonate hat er im Schoß seiner Mutter verbracht: Er ist nicht stark und erwachsen zur Welt gekommen, sondern hat Schritt für Schritt den Weg des Menschen genommen. Er hat sich in allem uns angeglichen – mit einer Ausnahme, und das ist dieses Nein: mit Ausnahme der Sünde. Aus diesem Grund hat er Maria gewählt, das einzige Geschöpf, das ohne Sünde war, eben unbefleckt. Im Evangelium wird sie nur einmal beschrieben. Dort heißt es »Du Begnadete«. (Lukas 1,28) In ihr, die von Anbeginn an voller Gnade war, gab es keinen Raum für die Sünde. Und auch wenn wir uns an sie wenden, zollen wir dieser Schönheit Lob. Auch wir sagen: »Gegrüßet seist Du, Maria, voll der Gnade.« Also ohne auch nur den leisesten Schatten einer Sünde.

Maria antwortet auf die Verkündigung Gottes: »Ich bin die Magd des Herrn«. (Lukas 1,28) Sie sagt nicht: »Meinetwegen, diesmal mache ich, was Gott will. Ich stelle mich zur Verfügung. Danach sehen wir weiter …« Nein. Ihr Ja ist vollkommen, total und bedingungslos. Es gilt für das ganze Leben. Und wie das Nein am Ursprung den Weg vom Menschen zu Gott blockiert hat, so macht das Ja Mariens den Weg für uns zu Gott frei. Es ist das bedeutsamste Ja der Menschheitsgeschichte. Ein demütiges Ja, das das hochmütige Nein am Ursprung aufhebt. Ein gläubiges Ja, das den

Ungehorsam heilt. Ein bereitwilliges Ja, das den Egoismus der Sünde umkehrt.

Auch jeder von uns hat diese Heilsgeschichte, die sich aus Ja und Nein zusammensetzt. Manchmal aber scheinen wir Meister des halben Ja: Wir sind Meister darin, so zu tun, als begriffen wir nicht, was Gott von uns will und das Gewissen uns rät. Aber wir sind auch schlau, daher sagen wir zu Gott nie richtig Nein. Wir sagen vielmehr: »Entschuldige, aber ich kann nicht.« Oder: »Nicht heute, morgen vielleicht.« Und: »Morgen werde ich ein besserer Mensch. Morgen fange ich an zu beten und Gutes zu tun. Morgen.« Diese Schläue entfernt uns immer mehr vom Ja, von Gott. Sie drängt uns hin zum Nein, zum Nein der Sünde, der Mittelmäßigkeit. Das ist das berühmte: »Ja, aber …« Genauer gesagt: »Ja, Herr, aber …« Auf diese Weise jedoch schlagen wir dem Guten die Tür vor der Nase zu. Und das Böse weiß dieses halbe Ja zu nutzen. Jeder von uns trägt eine ausgesuchte Sammlung dieser Jas mit sich herum. Wenn wir einmal ernsthaft darüber nachdenken, finden wir zahllose Gelegenheiten, bei denen es nur zum halben Ja gereicht hat. Doch mit jedem vollen Ja zu Gott beginnt eine neue Geschichte: Ja zu Gott zu sagen ist nämlich tatsächlich unser »Ursprung«. Nicht das Nein der Sünde, das uns innerlich altern lässt. Habt ihr darüber schon einmal nachgedacht: dass die Sünde uns innerlich alt macht? Vor der Zeit altern lässt! Jedes Ja zu Gott ist Ursprung einer neuen Heilsgeschichte für uns und andere Menschen. Wie das bedingungslose Ja Marias.

Auf diesem Adventsweg will Gott uns sehen und erwartet unser Ja. Überlegen wir uns doch mal: »Welches Jawort soll ich Gott heute geben?« Allein darüber nachzudenken tut uns schon gut. Und wir werden die Stimme des Herrn in unserem Herzen finden und wissen, welchen Schritt vorwärts er von uns wünscht. »Ich glaube an Dich. Ich hoffe auf Dich. Ich liebe Dich. Möge sich Dein Wille zum Guten in mir vollenden.« Das ist ein Ja. Mit dieser Großzügigkeit und diesem Vertrauen, wie Maria es uns vorgemacht hat, geben wir heute – jeder von uns – Gott unser persönliches Jawort.

Padre nostro che sei nei cieli,

sia santificato il tuo nome,

venga il tuo regno,

sia fatta la tua volontà

come in cielo così in terra.

Dacci oggi il nostro pane quotidiano,

---

e rimetti a noi i nostri debiti

come noi li rimettiamo ai nostri debitori,

e non ci indurre in tentazione,

ma liberaci dal male.

Vater unser im Himmel,

geheiligt werde Dein Name.

Dein Reich komme.

Dein Wille geschehe,

wie im Himmel so auf Erden.

Unser tägliches Brot gib uns heute.

Und vergib uns unsere Schuld,

wie auch wir vergeben unsern Schuldigern.

Und führe uns nicht in Versuchung,

sondern erlöse uns von dem Bösen.

UNSER TÄGLICHES BROT GIB UNS HEUTE

Damit beginnt der zweite Teil des Gebets an unseren Herrn. Während der erste sich der Anrufung des Herrn widmete, bitten wir nun um etwas für uns. Wir haben unsere Gedanken auf ihn gelenkt, der uns liebt. Nun hoffen wir, dass er sich unser annimmt: »Unser tägliches Brot gib uns heute.« Mir fällt hier vor allem der Plural auf. Gib »uns«: Da du »unser« Vater bist, glaube ich, dass du heute an mich denkst, an diesem bestimmten Tag.

All das geschieht, während wir an der Tafel sitzen, denn das Reich Gottes, wie es im Evangelium aufscheint, ist eben dies. Jesus verwendet dieses Bild häufig. Das Reich Gottes ist immer ein Fest. Wir sitzen zusammen an einer Tafel. Also gib uns zu essen. Ob es sich nun um ein festliches Beisammensein handelt oder um unsere Nahrung im Alltag, wir sitzen an seiner Tafel. Die

Kraft der Präsenz Gottes in der Welt zeigt sich an der Tafel, in der Eucharistiefeier mit Jesus, gemeinsam mit Jesus. Daher bitten wir darum, dass alle etwas zu essen haben mögen. Schenk uns die geistige Nahrung, die uns stärkt in der Eucharistie, aber gib auch allen zu essen in dieser Welt, in der die Knute des Hungers so grausam zuschlagen kann. Wenn wir das *Vaterunser* beten, ist es sinnvoll, bei dieser Bitte kurz innezuhalten: »Unser tägliches Brot gibt uns heute« – mir und allen anderen. Überlegen wir doch nur, wie viele Menschen eben dieses tägliche Brot nicht haben. Als ich noch klein war, hat man uns beigebracht, jedes Stück Brot, das zu Boden fiel, aufzuheben und zu küssen: Brot wurde nie weggeworfen. Das Brot ist Symbol der Einheit des Menschengeschlechts, Symbol der Liebe Gottes zu dir, die so groß ist, dass er dir zu essen gibt. Wenn Brot übrig blieb, was taten dann die Großmütter und Mütter damit? Sie weichten es in Milch ein und machten daraus eine Süßspeise: Was immer auch geschah, man warf kein Brot weg.

Meine Oma hat mich und meinen Bruder immer ausgeschimpft, wenn wir aus Brotkrumen Kügelchen formten und uns damit beschossen. Da hieß es gleich: »Kinder, mit Brot spielt man nicht.« Und diesen Satz höre ich heute noch, wenn ich als Priester bei der Messe die Hostie hochhebe: Auch mit diesem Brot, vor allem mit diesem Brot, spielt man nicht. Denn für einen Christen ist das wahre Brot die Eucharistie.

Aber nicht nur! Wir dürfen das ganz gewöhnliche Brot nicht aus den Augen lassen. Denn es gehört zu den Werken der Barmherzigkeit, den Hungernden zu essen zu geben.

Gerade in der Haftanstalt stelle ich mir die Eucharistie manchmal weniger als Privileg vor denn als Arznei. Wenn ich gefehlt habe, habe ich es bitter nötig, dass Gott mir sein Brot nicht verweigert, sondern mir zeigt, dass ich trotz allem sein Kind bin.

Ganz zu Recht. Und wenn es mir erlaubt ist, mache ich hier mal ein bisschen Eigenwerbung: Auch ich habe in *Die Freude des Evangeliums* geschrieben: »Die Eucharistie ist […] nicht eine Belohnung für die Vollkommenen, sondern ein großzügiges Heilmittel und eine Nahrung für die Schwachen.«

Denn die Eucharistie zeigt mir, dass Gott mich im Herzen hat, selbst wenn ich gestrauchelt bin.

DEN HUNGERNDEN ZU ESSEN GEBEN

In den Psalmen heißt es, Gott sei der, »der allen Geschöpfen Nahrung gibt«. (Ps 136,25) Die Erfahrung des Hungers ist bitter. Wer je einen Krieg oder eine Hungersnot erleben musste, weiß das. Und doch ist die Erfahrung immer noch Alltag, in all unserem Überfluss und unserer Verschwendung. Die Worte des Apostels Jakobus sind heute noch aktuell: »Meine Brüder, was nützt es, wenn einer sagt, er habe Glauben, aber es fehlen ihm die Werke? Kann etwa der Glaube ihn retten? Wenn ein Bruder oder eine Schwester ohne Kleidung ist und ohne das tägliche Brot und einer von euch zu ihnen sagt: ›Geht in Frieden, wärmt und sättigt euch!‹, ihr gebt ihnen aber nicht, was sie zum Leben brauchen – was nützt das? So ist auch der Glaube für sich allein tot, wenn er nicht die Werke vorzuweisen hat.« (Jak 2,14–17) Weil er nämlich nicht in der Lage ist, die

Werke der Liebe zu tun, barmherzig zu sein, zu lieben. Es gibt immer jemanden, der Hunger und Durst hat und mich braucht. Ich kann das nicht auf andere abwälzen. Dieses arme Geschöpf braucht mich, meine Hilfe, mein Wort, mein Engagement. Das geht uns alle an.

Das ist auch die Lehre Jesu, der sich im Evangelium mit den folgenden Worten an seine Jünger wendet, als er sieht, dass so viele Menschen ihm seit Stunden nachfolgen: »Wo sollen wir Brot kaufen, damit diese Leute zu essen haben?« (Joh 2,5) Und die Jünger antworten: »Das geht nicht. Du schickst sie besser fort.« Doch Jesus sagt: »Gebt ihr ihnen zu essen.« (Mk 6,37) Er lässt sich ein paar Brote und Fische geben, die sie bei sich hatten, spricht über sie den Segen, bricht die Brote und lässt sie verteilen. Und siehe da, sie reichen für alle. Darin liegt für uns eine wichtige Lehre, denn wir erkennen daraus: Wie wenig wir auch immer haben mögen, wenn wir es Jesus anvertrauen und im Glauben teilen, dann wird daraus unerschöpflicher Reichtum.

Papst Benedikt XVI. schreibt in seiner Enzyklika *Caritas in veritate*: »Den Hungrigen zu essen geben ist ein ethischer Imperativ für die Weltkirche [...] Das Recht auf Ernährung sowie das auf Wasser spielen eine wichtige Rolle für die Erlangung anderer Rechte [...] Darum ist es notwendig, dass ein solidarisches Bewusstsein reift, welches die Ernährung und den Zugang zum Wasser als allgemeine Rechte aller Menschen betrachtet, ohne Unterscheidungen und Diskriminierungen.« Vergessen wir nicht die Worte Jesu: »Ich bin das Brot des Lebens.« (Joh 6,35) Und: »Wer Durst hat, komme zu mir.« (Joh 7,37) Seine Worte sind für uns Gläubige eine Provokation. Eine Herausforderung zu erkennen, dass unsere Beziehung zu Gott damit zu tun hat, dass wir den Hungernden zu essen geben und den Dürstenden zu trinken. Denn dieser Gott hat in Jesus sein barmherziges Antlitz gezeigt.

Padre nostro che sei nei cieli,

sia santificato il tuo nome,

venga il tuo regno,

sia fatta la tua volontà

come in cielo così in terra.

Dacci oggi il nostro pane quotidiano,

e rimetti a noi i nostri debiti

come noi li rimettiamo ai nostri debitori,

e non ci indurre in tentazione,

ma liberaci dal male.

Vater unser im Himmel,

geheiligt werde Dein Name.

Dein Reich komme.

Dein Wille geschehe,

wie im Himmel so auf Erden.

Unser tägliches Brot gib uns heute.

Und vergib uns unsere Schuld,

wie auch wir vergeben unsern Schuldigern.

Und führe uns nicht in Versuchung,

sondern erlöse uns von dem Bösen.

UND VERGIB UNS UNSERE SCHULD, WIE AUCH WIR VERGEBEN UNSERN SCHULDIGERN

Nun kommen wir zu diesem wunderschönen Bild: »Und vergib uns unsere Schuld – unsere Sünden –, wie auch wir vergeben unsern Schuldigern.« Da fällt mir einer meiner Schützlinge in der Haftanstalt ein. Er sollte die Fürbitten einleiten und da hieß es ganz zu Anfang: »Lasset uns beten zu Christus, unserem Retter.« Nun heißt dies auf Italienisch: »Preghiamo Dio salvatore.« Doch der Mann hat sich verlesen und sagte: »Preghiamo Dio saldatore.«, was so viel heißt wie: »Lasset uns beten zu Christus, unserem Schweißer.« Dabei fiel mir sofort mein Vater mit dem Lötkolben ein. Wenn etwas entzweigegangen war, warf mein Vater es nicht etwa weg. Er nahm seinen Lötkolben und lötete es zusammen. Da wurde mir klar, welch schönes Bild der Mann für die Barmherzigkeit Gottes gefunden hat. Was mir an dieser Stelle aber nie ganz klar war, war die Bedeutung dieses »wie«. Soll das nun heißen: »damit auch wir dies vermögen«? Oder eher: »In dem Maße, in dem ich vergeben kann, wirst du, Herr, mir vergeben«? Das ist eine andere Perspektive.

Das ist eine Bitte, die Banker besonders zu schätzen wissen! Aber nur bis zu einem bestimmten Punkt: Sie »vergeben« nun mal nicht gerne. Sie streichen nicht einfach die Schulden eines Menschen in dieser Welt, in der sich alles um das Geld dreht. Ja, die Vergebung. Es ist sehr schwer zu vergeben. Doch letztlich gibt es für jede Art Vergebung nur eine Grundvoraussetzung. Du wirst vergeben können, wenn dir die Gnade zuteilwurde, selbst Vergebung erlangt zu haben. Nur jemand, dem Vergebung zuteilwurde, ist fähig, selbst zu verzeihen. Ich vergebe, weil mir selbst vergeben wurde. Sehen wir uns doch nur einmal die Schriftgelehrten an, die Jesus solche Schwierigkeiten bereiteten: Sie hielten sich für gerecht. Sie glaubten, keine Vergebung nötig zu haben, und verstanden einfach nicht, warum Jesus den Sündern vergab, mit ihnen speiste, sie heilte und sich mit Leprakranken abgab. Er vergab einfach allen, und die Schriftgelehrten verstanden dies nicht, fühlten sie sich doch so im Recht, dass sie glaubten, diese wunderbare Erfahrung nicht nötig zu haben. Auch ich möchte – als Christ und Mensch – erzählen, was ich einmal erlebt habe: Ich hatte einmal das klare Gefühl, dass der Herr mir unendlich viele Dinge vergeben hat, und ich habe vor Freude geweint. An diese Tränen denke ich heute noch, und wenn es meinerseits ans Verzeihen geht, sage ich mir: »Das ist ja gar nichts im Vergleich zu damals. Das steht ja in keinem Verhältnis.«

Ich muss Ihnen etwas gestehen, lieber Papst Franziskus: Ich gehörte früher mal zu den Menschen, die der Überzeugung waren, wer einen Fehler begangen hat, der solle ruhig im Gefängnis verrotten. Heute erweist Gott mir die Gnade, mich zum Hirten für jene Herde gemacht zu haben. Ich gehe den Weg also mit ihnen. Und auch ich erinnere mich noch gut an meine erste Begegnung mit ihnen. Ich weiß noch genau Tag und Stunde. Von jenem Tag an hat sich meine Einstellung gewandelt: Ich habe mich so geschämt, dass ich dies wie eine zweite Geburt empfand. In einer Ihrer Schriften habe ich dann von der Gnade der Scham gelesen. Und ich habe mich geschämt, weil ich Gott aus meinem Leben gejagt habe und nun war ich zurückgekehrt wie der verlorene Sohn auf der Suche nach dem Vater. Es gibt nichts, was ich sorgsamer hüte als die Erinnerung daran, wie ich damals in den Spiegel geblickt und diese tiefe Scham empfunden habe, weil ich mich von ihm entfernt hatte. Von zu Hause.

In der Passionsgeschichte gibt es drei Stellen, in denen von der Scham die Rede ist. Drei Menschen, die sich schämen. Der erste ist Petrus. Petrus hört den Hahn krähen und in diesem Augenblick spürt er etwas in seinem Inneren. Da wendet Jesus sich um und blickt seinen Jünger an. So groß ist dessen Scham, dass er bitterlich zu weinen anfängt. (Lk 22,54–62) Die zweite Person ist der gute Dieb, der jenen Verbrecher zurechtweist, der Jesus verspottet: »Uns geschieht recht, wir erhalten den Lohn für unsere Taten, dieser aber hat nichts Unrechtes getan.« Er fühlt sich schuldig, er schämt sich und damit – so der Heilige Augustinus – hat er sich das Paradies erobert. (Lk 23,39–43) Die dritte Person, deren Scham mich am meisten anrührt, ist Judas. Judas ist eine Gestalt, die nicht so leicht zu verstehen ist. Daher gibt es auch so viele verschiedene Sichtweisen auf seine Tat. Doch am Ende, als er sieht, was er angerichtet hat, geht er zu den »Gerechten«, den Hohepriestern, und sagt: »Ich habe gesündigt, ich habe euch einen unschuldigen Menschen ausgeliefert.« Diese aber antworten: »Was geht uns das an? Das ist deine Sache.« (Mt 27,3–10) Und so geht er davon, beladen mit seiner Schuld, und erhängt sich. Wenn er damals Maria begegnet wäre, wären die Dinge vermutlich anders gelaufen. Aber der Arme geht davon, sieht keinen Ausweg und wählt den Strick. Aber es gibt etwas, das mich glauben macht, dass die Geschichte von Judas hier noch nicht zu Ende ist … Vielleicht denken die Leute jetzt: »Dieser Papst ist doch ein echter Ketzer!« Aber nein, gar nicht! Es gibt da ein Kapitell, einen Säulenaufsatz, in der Basilika der Heiligen Maria Magdalena in Vézelay im französischen Burgund. Im Mittelalter lehrte man den Glauben mit Bildern und Skulpturen. Und dieses Kapitell zeigt auf der einen Seite den erhängten Judas, auf der anderen aber nimmt der gute Hirte ihn auf seine Schultern und trägt ihn mit sich fort. Dabei liegt ein Lächeln auf seinen Lippen, das vielleicht nicht unbedingt ironisch ist, aber doch so ein bisschen komplizenhaft. Ein Foto dieses Kapitells hängt direkt hinter meinem Schreibtisch, und man sieht darauf beide Seiten gut. Denn dieses Bild regt mich zur Meditation an: Es gibt so viele Möglichkeiten, Scham zu durchleben. Die Verzweiflung ist eine davon. Doch wir müssen versuchen, den Verzweifelten zu helfen, damit sie den rechten Weg der Scham finden und nicht jenen einschlagen, den Judas am Ende nahm. Diese drei Figuren aus der Passionsgeschichte helfen mir immer wieder, denn die Scham ist eine Gnadengabe. Bei uns in Argentinien nennen wir einen Menschen, der sich nicht zu benehmen weiß und allerlei Unheil anrichtet, einen »schamlosen Menschen«.

WIE WIR UNS INS GEBEN UND VERGEBEN EINÜBEN

Heute möchte ich über ein Thema im Besonderen sprechen: Die Familie ist ein großes Trainingscamp, in dem wir uns darin üben können, zu geben und zu vergeben, ohne eine Gegenleistung zu erwarten. Denn ohne diese Fähigkeit wird keine Liebe lange leben. Ohne dass wir uns geben können, ohne dass wir uns vergeben können, hat die Liebe keine Chance. Im Gebet, das Jesus selbst uns gelehrt hat, dem *Vaterunser*, leitet Jesus uns an, seinen Vater zu bitten: »Und vergib uns unsere Schuld, wie auch wir vergeben unsern Schuldigern.« Und am Ende erklärt er noch: »Denn wenn ihr den Menschen ihre Verfehlungen vergebt, dann wird euer himmlischer Vater auch euch vergeben. Wenn ihr aber den Menschen nicht vergebt, dann wird euch euer Vater eure Verfehlungen auch nicht vergeben.« (Mt 6,12.14–5) Ohne Vergebung können wir nicht leben, besser gesagt: Wir können nicht gut leben, vor allem innerhalb der Familie. Wir tun uns gegenseitig jeden Tag Unrecht. Diese Fehler, die auf unseren Egoismus und unsere Schwachheit zurückgehen, sollten wir im Hinterkopf behalten. Was wir jedoch tun können, ist, die Wunden, die wir uns gegenseitig zufügen, sofort wieder zu heilen. Die zerrissenen Familienbande so schnell wie möglich neu zu flechten. Wenn wir zu lange warten, wird es nur noch schwieriger. Es gibt da ein kleines Geheimnis, das uns hilft, alle Wunden zu heilen: Lasst den Tag nicht zu Ende gehen, ohne euch zu entschuldigen. Schließt Frieden mit eurem Mann oder eurer Frau, mit euren Kindern. Vertragt euch wieder mit euren Brüdern und Schwestern. Auch mit eurer Schwiegermutter bzw. -tochter! Wenn wir lernen, gleich um Entschuldigung zu bitten und uns gegenseitig zu vergeben, heilen die Wunden, die Ehebande bleiben fest und das Haus »Familie« bekommt so starke Grundfesten, dass es den Stürmen unserer kleinen und großen Bosheiten widersteht. Zu diesem Zweck müssen wir keine großen Reden schwingen. Es reicht völlig aus, wenn wir den anderen zärtlich berühren: Eine Liebkosung und die Auseinandersetzung ist beigelegt und man kann wieder von vorn anfangen. Beendet eure Tage nicht im Streit!

Wenn wir diese Fähigkeit in der Familie lernen, können wir sie auch in der Außenwelt anwenden, wo immer wir auch hingehen. Diese Idee stößt häufig auf Widerspruch. Viele Menschen – auch Christen – empfinden das als übertrieben. Und sie sagen: »Gut, das sind ja alles schöne Worte, aber in der Praxis lässt sich das kaum machen.« Dank Gott ist das nicht so. Eben weil Gott uns verzeiht, sind wir in der Lage, den anderen zu vergeben. Aus diesem Grund lässt Jesus uns diese Worte jedes Mal wiederholen, wenn wir das *Vaterunser* sprechen, also jeden Tag. Und in einer mitunter herzlosen Gesellschaft ist es von entscheidender Bedeutung, dass es Orte gibt wie die Familie, an denen wir lernen, einander zu vergeben.

Padre nostro che sei nei cieli,
sia santificato il tuo nome,
venga il tuo regno,
sia fatta la tua volontà
come in cielo così in terra.
Dacci oggi il nostro pane quotidiano,
e rimetti a noi i nostri debiti
come noi li rimettiamo ai nostri debitori,
e non ci indurre in tentazione,

---

ma liberaci dal male.

Vater unser im Himmel,

geheiligt werde Dein Name.

Dein Reich komme.

Dein Wille geschehe,

wie im Himmel so auf Erden.

Unser tägliches Brot gib uns heute.

Und vergib uns unsere Schuld,

wie auch wir vergeben unsern Schuldigern.

Und führe uns nicht in Versuchung,

sondern erlöse uns von dem Bösen.

UND FÜHRE UNS NICHT IN VERSUCHUNG

Die Verzweiflung ist eine Versuchung. Sie führt uns direkt zur vorletzten Bitte des Vaterunsers: »Und führe uns nicht in Versuchung.« Freunde, die nicht alle Christen sind, fragen mich manchmal: »Don Marco, kann Gott uns tatsächlich in Versuchung führen?« Ich lese diese Bitte daher so: »Da Satan mich in Versuchung führt, hilf mir, dass ich nicht über seine verführerischen Fallstricke stolpere.« Ich kann mir einfach nicht vorstellen, dass Gott mich versucht.

Ja, das liegt an einer etwas unglücklichen Übersetzung. Tatsächlich lesen wir, wenn wir die letzte Fassung des Evangeliums aufschlagen, wie es von der Italienischen Bischofskonferenz herausgegeben wurde: »Und lass uns nicht allein in der Versuchung!« (Lk 11,4; Mt 6,14) Auch die katholische Kirche in Frankreich und in der Schweiz hat beschlossen, den Text des Vaterunsers dementsprechend zu ändern. Dort wird es künftig heißen: »Und lasse uns nicht allein in der Versuchung fallen.« Ich bin es also, der fällt. Es ist nicht Gott, der mich in die Versuchung stößt, um zu sehen, wie ich ihr verfalle. Ein Vater tut so etwas nicht. Ein Vater eilt sofort herbei, um seinem gestolperten Kind aufzuhelfen. Satan ist es, der uns in Versuchung führt. Das ist sein Metier. Und der Sinn dieses Gebetes ist: »Wenn Satan mich in Versuchung führt, dann reiche Du mir bitte die Hand. Reiche mir Deine Hand.« Das ist wie in der Geschichte, als Jesus Petrus die Hand reicht, weil dieser ruft: »Herr, rette mich!« (Mt 14,30)

In unserer Gemeinde in der Haftanstalt ist die größte Versuchung das, was Satan den Insassen jeden Morgen einflüstert: »Ach, vergiss es. Es hilft doch sowieso nichts. Ist doch nur verlorene Zeit.« Verzweiflung – für mich heißt das, dass wir den Blick nicht mehr auf das Antlitz Jesu gerichtet haben.

Er ist die Hoffnung, er ist unser Anker.

Doch es ist auch richtig, dass mir nur in der Versuchung klar wird, wie viel Gnade mir Gott im Herzen erweist: Viel-

leicht wäre ich mir dessen nie bewusst geworden, wenn ich nicht in Versuchung geraten wäre. In meinem Land heißt es ja immer, jemand dürfe sich nicht keusch nennen, wenn er nie in Versuchung geraten sei.

Ja, das ist wahr. Das ist eine schöne Art, dies auszudrücken.

DIE GRUNDLAGE UNSERER HOFFNUNG

Denken wir doch nur an das Gleichnis vom barmherzigen Vater. (Lk 15,11–32) Jesus erzählt uns darin die Geschichte eines Vaters, der sich seinen Kindern voller Liebe zuwendet. Ein Vater, der den Sohn nicht straft, weil dieser hochmütig war. Ein Vater, der fähig ist, seinem Sohn seinen Teil des Erbes auszuzahlen und ihn ziehen zu lassen. Gott ist unser Vater, sagt Jesus, aber nicht ein Vater nach Menschenmaß, denn es gibt auf dieser Welt keinen Vater, der sich verhalten würde wie der in unserem Gleichnis. Gott ist Vater auf seine Weise: gut, machtlos gegenüber dem freien Willen des Menschen, einzig fähig zu allen Formen der Liebe. Als der rebellische Sohn, der das ganze Vermögen vergeudet hat, schließlich in sein Geburtshaus zurückkehrt, wendet der Vater nicht die Grundsätze der menschlichen Gerechtigkeit an. Er fühlt in sich nur den Drang zur Vergebung, und so zeigt er dem reuigen Sohn mit seiner Umarmung, wie sehr er ihm in der langen Zeit seines Fortseins gefehlt hat, schmerzlich gefehlt hat, denn er fühlt die Liebe eines Vaters.

Welch unerforschliches Geheimnis ist doch ein Gott, der diese Art der Liebe für seine Kinder empfindet!

Vielleicht hat Paulus es aus diesem Grund – weil es den Kern des christlichen Geheimnisses berührt – unterlassen, ein Wort ins Griechische zu übersetzen, das Jesus im Aramäischen gebraucht: *abba*. Zweimal berührt Paulus in seinen Briefen das Thema (Röm 8,15, Gal 4,6) und zweimal lässt er dieses Wort unübersetzt, so wie es Jesu Mund ausgesprochen hat: *abba*. Dieser Begriff ist so viel intimer als das schlichte »Vater«, eigentlich heißt es »Papa«.

Liebe Brüder und Schwestern, wir sind nie allein. Wir können ihm fern sein, feindselig gesonnen, ja uns selbst als »gottlos« bezeichnen. Doch das Evangelium Jesu Christi offenbart uns, dass Gott nicht ohne uns sein kann: Er wird nie ein »menschenloser« Gott sein. Er ist es, der nicht ohne uns sein kann. Und das ist wahrlich ein großes Geheimnis! Gott kann nicht Gott sein ohne den Menschen: Was für ein Mysterium! Und diese Gewissheit ist die Quelle unserer Hoffnung, die wir in allen Bitten des Vaterunsers bewahrt finden.

Wenn wir Hilfe brauchen, sagt Jesus uns nicht, wir sollten uns beruhigen und sehen, wie wir selbst damit zurechtkommen. Er lehrt uns, wie wir uns an den Vater wenden und ihn vertrauensvoll um Hilfe bitten können. Alles, was wir brauchen, von den offensichtlichen und täglichen Bedürfnissen wie Brot, Gesundheit, Arbeit bis hin zu den seelischen wie Vergebung und Halt in der Versuchung, findet hier Berücksichtigung und zeigt uns, dass wir nicht einsam sind: Unser Vater ist für uns da, passt liebevoll auf uns auf und lässt uns ganz sicher nicht allein.

Daher möchte ich Ihnen jetzt etwas vorschlagen: Jeder von uns hat doch unzählige Probleme und Bedürfnisse. Überlegen Sie ein bisschen in aller Stille, was Sie im Augenblick beunruhigt. Und dann denken wir an den Vater, unseren Vater, der ohne uns nicht sein kann, der uns in diesem Moment sieht. Und nun fangen wir an zu beten: »Vater unser im Himmel …«

Padre nostro che sei nei cieli,

sia santificato il tuo nome,

venga il tuo regno,

sia fatta la tua volontà

come in cielo così in terra.

Dacci oggi il nostro pane quotidiano,

e rimetti a noi i nostri debiti

come noi li rimettiamo ai nostri debitori,

e non ci indurre in tentazione,

ma liberaci dal male.

Vater unser im Himmel,

geheiligt werde Dein Name.

Dein Reich komme.

Dein Wille geschehe,

wie im Himmel so auf Erden.

Unser tägliches Brot gib uns heute.

Und vergib uns unsere Schuld,

wie auch wir vergeben unsern Schuldigern.

Und führe uns nicht in Versuchung,

sondern erlöse uns von dem Bösen.

SONDERN ERLÖSE UNS VON DEM BÖSEN

Der Weizen und das Unkraut reifen gemeinsam heran, bis die Zeit der Ernte kommt. Und diese lässt sich nicht vorverlegen! Erst dann wird das Unkraut verbrannt. »Sondern erlöse uns von dem Bösen« – das ist die letzte Bitte des Vaterunsers. *In der Jugendstrafanstalt auf der Insel Nisida, unmittelbar vor dem Golf von Neapel, hat mir ein Junge ein bewegendes Geständnis gemacht: »Jeden Abend, bevor ich einschlafe, wiederhole ich diesen Satz: Herr, erlöse mich von dem Bösen.« Dies von einem Sechzehnjährigen zu hören hat mir die ganze Wirklichkeit des Bösen vor Augen geführt. Sie sprechen in Ihren Predigten immer wieder Satan an und reißen ihm die Maske vom Gesicht.*

Ja, denn er ist das Böse. Das Böse ist nicht irgendetwas Ungreifbares, das sich von selbst auflöst wie der Nebel in Mailand. Es hat vielmehr eine Gestalt: Satan. Und Satan ist schlau. Der Herr sagt, wenn man ihn verjagt, dann verschwindet er, aber nach einer gewissen Zeit, wenn man nicht aufpasst, vielleicht nach einigen Jahren, kehrt er zurück und wütet schlimmer als zuvor. Er bricht nicht ein in die Häuser. Nein, Satan ist wohlerzogen, er klopft an, er betätigt die Türklingel und kommt herein mit seinen Kumpels und seinen Versuchungen. Denn letztlich ist dies der Sinn dieser Bitte: »Lass uns nicht dem Bösen verfallen.« Wir müssen auch schlau sein, in einem guten Sinne. Wir müssen uns gewitzigt zeigen, auf der Hut, denn wir müssen die Lügen Satans erkennen. Ich bin zutiefst davon überzeugt, dass man mit Satan nicht verhandeln kann. Was hat denn Jesus mit ihm gemacht? Er hat ihn verjagt oder er hat ihm, wie in der Wüste, Gottes Wort entgegengehalten. Nicht einmal Jesus hat sich auf einen Dialog mit Satan eingelassen, denn wenn du anfängst, mit ihm zu reden, dann hast du schon verloren. Er ist intelligenter als wir. Er macht dich platt. Am Ende schwirrt dir der Kopf vor lauter Argumenten und schon bist du verloren. Nein. »Hau ab!« ist da die beste Strategie.

Ich habe einmal voller Begeisterung einen Text von Ihnen gelesen, in dem Sie den Dichter Léon Bloy zitieren: »Wer nicht zu Gott betet …«

»… der betet zu Satan.«

Es gibt keine Alternative. Sie sagen auch, dass das Böse großgeschrieben werden muss, weil es »einen Namen und einen Vornamen hat«.

Ja, genau so ist es.

Auch unter uns?

Ja, auch unter uns. Satan ist schlau, er tut so, als würde er uns zuvorkommend behandeln. Gerade bei uns Priestern und Bischöfen schleicht er sich auf leisem Fuße ein, aber es geht schlimm aus, wenn man sich dessen nicht rechtzeitig bewusst wird.

DAS UNKRAUT UNTER DEM GUTEN SAMEN

Das Gleichnis vom Unkraut unter dem Weizen nimmt das Problem des Bösen in der Welt auf und verweist auf die Geduld Gottes. (Mt 13,24–30.36–43) Der Ort des Geschehens ist ein Feld, auf dem der Herr Weizen säen lässt. Doch eines Nachts kommt der Feind und sät Unkraut darunter. »Unkraut« hat im Hebräischen dieselbe Wurzel wie »Satan«. In dieser Wurzel klingt die Idee der Spaltung an. Wir wissen alle, dass Satan ein »Spalter« ist, der einen Keil zwischen die Menschen, die Familien, die Nationen und Völker treiben will. Die Diener des Mannes, der guten Weizen gesät hat, möchten das Unkraut gleich wieder ausreißen, doch der Herr verbietet ihnen das: »Nein, sonst reißt ihr zusammen mit dem Unkraut auch den Weizen aus.« (Mt 13,29) Denn wir wissen alle, dass das Unkraut, wenn es heranwächst, vom Weizen kaum zu unterscheiden ist. Es besteht also die Gefahr, dass es verwechselt wird.

Dieses Gleichnis hat einen zweifachen Sinn. Zum einen besagt es, dass das Böse in der Welt nicht von Gott kommt, sondern von seinem Feind, dem Satan. Dem Bösen in Person. Der Böse kommt in der Nacht und streut die Unkrautsamen im Dunkeln aus, dort, wo Verwirrung herrscht. Er macht sich da zu schaffen, wo es kein Licht gibt. Da streut er seine Samen aus. Der Feind ist gewieft: Er sät die Samen des Bösen inmitten des Guten, sodass wir Menschen es unmöglich ohne Mühe trennen können. Gott aber vermag das am Ende.

Damit aber sind wir bei der zweiten Ebene der Geschichte: dem Unterschied zwischen den ungeduldigen Dienern und dem geduldig wartenden Eigentümer des Feldes, der gleichbedeutend mit Gott ist. Wir haben es mitunter recht eilig, andere zu verurteilen, sie in Schubladen zu stecken, da die Guten, dort die Schlechten ... Aber erinnern wir uns doch kurz an das Gebet des Hochmütigen: »Gott, ich danke dir, dass ich nicht wie die anderen Menschen bin«. (Lk 18,11) Gott hingegen kann warten. Er schaut jedem einzelnen Menschen auf dem »Feld« des Lebens voller Geduld und Barmherzigkeit zu: Viel besser als wir sieht er den Schmutz und all das Schlechte, aber er sieht auch die Samen des

Guten und wartet vertrauensvoll, dass diese heranreifen. Gott ist geduldig, er kann warten. Ist das nicht wunderbar? Unser Gott ist ein geduldiger Vater, der stets auf uns wartet, der uns offenen Herzens entgegengeht, um uns zu empfangen und zu vergeben. Er vergibt uns immer, wenn wir zu ihm kommen.

Die abwartende Haltung des Mannes, dem das Feld gehört, ist die der begründeten Hoffnung, weil er sicher ist, dass das Böse weder das erste noch das letzte Wort haben wird. Und dank dieser geduldigen Hoffnung Gottes kann das Unkraut selbst, also das von allerlei Sünden überwucherte Herz, am Ende zu gutem Korn werden. Doch Vorsicht: Die Geduld des Evangeliums ist nicht etwa Gleichgültigkeit gegenüber dem Bösen: Wir dürfen das Böse und das Gute nicht verwechseln! Angesichts des Unkrauts in der Welt ist der Schüler des Herrn aufgerufen, die Geduld Gottes nachzuahmen und die Hoffnung zu nähren, während er gleichzeitig ein unerschütterliches Vertrauen entwickelt, dass das Gute, also Gott, am Ende siegen wird.

Denn am Ende wird das Böse von uns genommen und beseitigt: Zur Zeit der Ernte, also zur Zeit des Gerichts, führen die Erntehelfer den Befehl des Herrn aus: Sie reißen zuerst das Unkraut aus, um es zu verbrennen. (Mt 13,30) Am Tag der letzten Ernte wird Jesus der Richter sein. Er, der das gute Korn in der Welt gesät hat, der selbst zum »Getreidekorn« geworden ist. Er, der gestorben und auferstanden ist. Am Ende werden wir alle mit demselben Maß gemessen, das wir angelegt haben: Die Barmherzigkeit, die wir anderen erwiesen haben, wird uns bezeigt werden. Bitten wir also die Madonna, unsere Mutter, uns beim Wachsen zu helfen – in der Geduld, in der Hoffnung und der Barmherzigkeit gegenüber all unseren Brüdern und Schwestern.

Padre nostro che sei nei cieli,
sia santificato il tuo nome,
venga il tuo regno,
sia fatta la tua volontà
come in cielo così in terra.
Dacci oggi il nostro pane quotidiano,
e rimetti a noi i nostri debiti
come noi li rimettiamo ai nostri debitori,
e non ci indurre in tentazione,
ma liberaci dal male.

Vater unser im Himmel,

geheiligt werde Dein Name.

Dein Reich komme.

Dein Wille geschehe,

wie im Himmel so auf Erden.

Unser tägliches Brot gib uns heute.

Und vergib uns unsere Schuld,

wie auch wir vergeben unsern Schuldigern.

Und führe uns nicht in Versuchung,

sondern erlöse uns von dem Bösen.

DAS GEBET DES HERRN

So sind wir am Ende dieses außerordentlichen Gebetes angelangt, das schöner ist als alle anderen. Oder wie Simone Weil einmal meinte: Vielleicht wurde nie ein Gebet geschrieben, das nicht bereits im Vaterunser *enthalten ist. Und um den Kreis zu schließen, möchte ich sagen, dass ich, wenn ich die Eucharistie feiere, immer tief bewegt bin von der Einleitungsformel zum* Vaterunser *und ihrem Wortlaut: »Dem Wort unseres Herrn und Erlösers gehorsam und getreu seiner göttlichen Weisung, wagen wir zu sprechen …« Dieses »wagen wir zu sprechen« ist eine ganz wunderbare Vorstellung: Als näherten wir uns diesem Gebet gleichsam auf Zehenspitzen und flüsternd. Als fänden wir nur gemeinsam den Mut, »Vater« zu sagen. Denn das Christentum kann in der Einsamkeit nicht existieren.*

Es erfordert durchaus Mut, das *Vaterunser* zu beten. Wahren Mut. Schließlich sagen wir dabei: »Papa« im tiefen Glauben, dass Gott tatsächlich der Vater ist, der mich begleitet, mir vergibt, mir zu essen gibt. Der für all meine Bitten ein offenes Ohr hat und mich noch schöner gewandet als die Lilien auf dem Felde. Der Glaube ist auch ein enormes Risiko: Und wenn er doch nicht wahr ist? Wir müssen es wagen, alle gemeinsam. Daher ist es so schön, gemeinsam zu beten: Damit wir einander helfen können, diesen Schritt zu wagen.

Wie Sie selbst einmal in einer Ihrer Predigten gesagt haben, als es um die Gestalt des Moses ging: Beten ist Verhandeln mit Gott. Wenn ich mit anderen Gläubigen zusammen bin, dann finde ich den Mut, mit Gott zu dealen. Dann sage ich ihm: »Jetzt beruhige Dich doch. Schau uns an. Es stimmt schon, wir sind nicht besonders treu. Aber wir sind Dein Volk.« Das Gebet als Verhandlungsrunde.

Selbst Abraham hat mit Gott verhandelt, als dieser Sodom und Gomorrha zerstören wollte. (Gen 18,20) Abraham trat für die Gerechten der Stadt ein und hat für sie mit Gott verhandelt. Und Gott ist auf den Deal eingegangen. Er versprach Abraham, die Stadt nicht zu vernichten, wenn sich dort fünfzig, dreißig, zwanzig, ja nur zehn Gerechte finden ließen.

Letztlich hätte einer genügt, damit Gott selbst als Bettler sicher die Stadt hätte betreten können. Doch an diesem Tag war nicht ein Gerechter dort zu finden …

* * *

Papst Franziskus, ich danke Ihnen, dass Sie uns als Papst das Vaterunser *erklärt haben. Wer hat Sie denn das Gebet gelehrt, als Sie klein waren?*

Die Oma. Meine Oma.

Kommt es vor, dass Sie im Laufe des Tages das Vaterunser *sprechen, fast ohne es zu bemerken?*

Nein, ohne es zu bemerken nicht. Aber wenn ich mich zum Gebet setze, dann kommt es mir sofort auf die Lippen.

Um unser Gespräch zu beenden, möchte ich Ihnen ein Geschenk machen. Und da ich nichts besitze, außer dem Geruch meiner Schafe, meiner Herde, soll es ein Vers von Goethe sein: »Was du ererbt von deinen Vätern hast, erwirb es, um es zu besitzen«. Für uns ist das Vaterunser *so ein Erbe. Aber es genügt nicht, es nur ererbt zu haben, denn wir müssen es uns aufs Neue erobern, wenn wir es wirklich besitzen wollen.*

Aus diesem Grund ist es so wichtig, zu den Wurzeln zurückzukehren. Vor allem in unserer entwurzelten Gesellschaft müssen wir unsere Wurzeln von Neuem erobern.

Innehalten und spüren, dass da ein Vater ist, der uns erwartet.

Aus diesem Grund spreche ich so häufig über den Dialog der Enkel mit den Großeltern, denn genau darum geht es dabei: um die Rückkehr zu den eigenen Wurzeln.

Vielleicht sprechen wir noch gemeinsam das Vaterunser*?*

Vater unser im Himmel,
geheiligt werde Dein Name.
Dein Reich komme.
Dein Wille geschehe,
wie im Himmel so auf Erden.
Unser tägliches Brot gib uns heute.
Und vergib uns unsere Schuld,

wie auch wir vergeben unsern Schuldigern.
Und lasse uns nicht allein in der Versuchung,
sondern erlöse uns von dem Bösen.

DAS GEBET MIT DEN GROSSELTERN IST EIN GROSSER SCHATZ

Das Gebet der alten Menschen, der Großeltern, ist ein Geschenk für die Kirche, ein unendlicher Schatz! Und ein Quell der Weisheit für die ganze Gesellschaft: vor allem für jenen Teil, der ständig zu viel zu tun hat, ständig auf Achse ist, ständig abgelenkt. Jemand muss doch auch für sie dem Herrn singen, die Zeichen Gottes verkünden, für sie beten! Nehmen wir nur mal Benedikt XVI., der sich entschieden hat, sich im letzten Teil seines Lebens ganz ins Gebet zu vertiefen und Gott sein Ohr zu schenken! Das ist eine wunderschöne Geste! Ein großer Gläubiger des letzten Jahrhunderts, der christlich-orthodoxe Theologe Olivier Clément, sagte einmal: »Eine Zivilisation, in der nicht mehr gebetet wird, ist eine Zivilisation, in der das Alter keinen Sinn mehr hat. Das ist erschreckend, denn wir brauchen die Alten, damit sie für uns beten. Das Alter ist dafür wie geschaffen.« Wir brauchen die alten Menschen, damit sie für uns beten, denn das Alter ist dafür am besten geeignet. Daher ist das Gebet alter Menschen so schön.

Wir können dem Herrn *danken* für alles, was er uns geschenkt hat, und die Leere der Undankbarkeit füllen. Wir können *Fürbitten* sprechen für die Erwartungen der neuen Generation und dem Gedächtnis und den Opfern der vorangegangenen ein Denkmal setzen. Wir können die ehrgeizigen jungen Leute daran erinnern, dass ein Leben ohne Liebe ein fruchtloses Leben ist. Wir können den ängstlichen jungen Leuten sagen, dass die Angst vor der Zukunft besiegt werden kann. Wir können die selbstverliebten jungen Leute daran erinnern, dass Geben seliger ist als Nehmen. Die Großmütter und Großväter sind wie der »Chor« in einer großen Wallfahrtskirche, dessen Fürbitten und Lobpreisungen die geistige Gemeinschaft stärken, die ganz mit Arbeit und dem Kampf ums Überleben beschäftigt ist.

Darüber hinaus reinigt das Gebet unausgesetzt das Herz. Das Lob Gottes, die bittende Hinwendung zu ihm verhindern, dass unser Herz sich in Egoismus und Ressentiments verhärtet. Es gibt nichts Hässlicheres als den Zynismus eines alten Menschen, der den Sinn für seine Zeugenschaft verloren hat, der die Jugend verachtet und nicht bereit ist, seine Lebensweisheit mit ihr zu teilen! Wie schön ist hingegen die Ermutigung eines jungen Menschen durch die Alten, wenn dieser sich auf die Suche nach dem Glauben und dem Leben macht! Dies ist tatsächlich die Mission der Großeltern, die Berufung der alten Menschen. Was die Großeltern sagen, hat in den Ohren der Enkel immer einen besonderen Klang. Und das wissen die alten Menschen. Die Worte, die meine Großmutter mir auf einem Stück Papier in die Hand drückte, als ich meine Ordination zum Priester erhielt, trage ich heute noch bei mir. Sie liegen immer in meinem Brevier und ich lese sie immer noch, weil sie mir guttun.

Wie wünschte ich mir doch eine Kirche, die sich dem Wahnsinn der Wegwerfgesellschaft freudig entgegenstemmt, indem sie Junge und Alte in einer Umarmung vereint! Das ist es, was ich heute vom Herrn erbitte: Eben diese Umarmung!

II

EIN VATERUNSER IM GEFÄNGNIS

Von Marco Pozza

Ich bin von der Haftanstalt in Padua losgezogen mit nichts als einer Handvoll Worte: jene des Vaterunsers. Die Hölle des Gefängnisses am Stadtrand ist unser Alltag, das Lächeln von Papst Franziskus unser Trost. Als der Zug abbremst und in den Bahnhof der Ewigen Stadt einrollt, entdecke ich auf der Ziegelmauer einer Überführung ein Graffiti: »Ohne Fundament kein Höhenflug«.

Wir schreiben den 4. August 2017. Ich werde Papst Franziskus für eine Fernsehsendung über das *Vaterunser* interviewen. Also fahre ich zu seiner Heimstatt in der Casa Santa Marta. Als ich dort aus dem Aufzug trete, steht mir der Papst schon gegenüber. Nicht viele Freuden übertreffen das angenehme Gefühl, sich erwartet zu wissen. »Setz dich«, sagt er zu mir. »Und zieh die Jacke aus. Heute ist es wirklich sehr warm.« Ich erzähle ihm von mir und von meinen Schützlingen: Enrico, Marzio, lauter Einbrecher, lauter Gebrochene. Ich bringe dem Papst die stumme Bewunderung, die Zuneigung, das Lachen und Lächeln meiner Seiltänzer aus dem Gefängnis mit. Und ich lege ihm meine Geschichte auf den Tisch wie der Sohn dem Vater. Er hört mir zu und macht da oder dort ermutigende Bemerkungen: »Don Marco, es gibt keine größere Gnade als die der Scham über die eigenen Sünden.«

Vor sich auf dem Tisch hat der Papst unseren Briefwechsel liegen. Ich sehe, dass er meine Briefe sorgsam mit Anmerkungen versehen hat. Und mir geht das Herz auf bei diesem Anblick: die Worte eines einfachen Priesters neben den eingehenden und prophetischen Notizen eines Papstes.

»Packen wir's an«, sagt er dann. »Es ist schon fast fünf Uhr. Die erwarten uns da unten. Wie sollen wir das Gespräch über das *Vaterunser* denn führen?«

Von Übermut erfasst mache ich einen gewagten Vorschlag: Lassen wir doch die Notizen hier und gehen es spontan an.

Er lächelt. Das Lächeln eines Vaters, so aufrichtig und ehrlich wie das tägliche Brot. Als wir uns zum Interview setzen, wird mir klar, dass unser Austausch längst begonnen hat. Dass er sich mir gegenüber so väterlich gezeigt hat, versetzt mich nun in die Lage, über *unseren* Vater zu sprechen.

Über das *Vaterunser*.

Am Ende des Interviews drückt Papst Franziskus mir ein Geschenk in die Hand: »Nimm. Nimm ihn mit nach Hause. Und bete zu ihm, wenn du dir unsicher bist.« Eine Gipsfigur des schlafenden Heiligen Josef. In seinem Zimmermannsgewand. Er, der sich als Einziger rühmen darf, Gott zum Lehrling gehabt zu haben. Der Vater des Christus gewesen zu sein.

Ein Gefängnispfarrer. Ein Bettelpapst. Der schlafende Josef. Morgen steckt Gott mich wieder ins Gefängnis. Aber ich werde dort nicht mit leeren Händen erscheinen. Ich habe kostbare Worte bei mir. Eine Handvoll vertraulicher Mitteilungen, die ich meinen Schützlingen mitbringen kann: *franziskanische* Worte, Offenbarungen eines Heiligen Vaters.

Enrico ist aus eher grobem Holz geschnitzt und doch auf seine Weise feinsinnig. Ich habe ihn jahrein, jahraus sozusagen nur in einem metallenen Bilderrahmen gesehen, hinter Gittern. »Ich habe mir eine ganze Sammlung von strafrechtlichen Vergehen zugelegt.« Das Böse macht den Menschen zum Objekt der Juristerei: Enrico saß wegen Einbruchs, bewaffneten Raubüberfalls, Hehlerei, Drogenhandel, Mord, Fälschung, Drogenkonsum, Terrorismus. Sein schlimmstes Verbrechen aber ist eines, das nicht im Strafgesetzbuch aufgeführt ist: Vorenthalten väterlicher Zuwendung. »Von all diesen Dingen quält mich am meisten, dass ich meinen Sohn zur Waise gemacht habe. Ich habe ihm das Recht vorenthalten, mit einem Vater aufzuwachsen. Schon als er geboren wurde, war ich im Gefängnis. Ich habe ihn nur im Besuchszimmer heranwachsen sehen. Er hat Gefängnisse in ganz Italien kennengelernt. Anfangs krabbelte er noch, dann konnte er gehen und schließlich laufen. Irgendwann ist er so schnell gelaufen, dass er aus meinem Leben verschwand: Er hat es einfach nicht geschafft, mich weiter zu besuchen.«

Enrico starrt blicklos vor sich hin: Er sieht alles bis ins Kleinste. Eine Seele im Fegefeuer, die sich der Hölle zuwendet. »Wenn ich ihn anrufe, zittere ich bis ins Mark. Ich weiß schon, was er mich fragen wird: ›Papa, wann kommst du mich zu Hause besuchen?‹ Die Urteilsverkündung im Gericht macht mir gar nichts, aber die Frage meines Sohnes ist wie das Messer einer Guillotine: Und es fällt jede einzelne schlaflose Nacht auf mich hernieder. Ein Banditendasein verträgt keine

Blutsbande: Ich habe meinem Kind den Vater geraubt. Ich bin dieser Vater. Ich habe mir selbst den Sohn gestohlen.«

»Willst du eine kurz gefasste Geschichte meines Lebens hören? Ganz einfach: Ich habe den guten *Namen* meines Vaters beschmutzt. Die gute Seele war ein ehrlicher Bauer aus dem Veneto. Ich hingegen hatte mir schon mit sechzehn einen eigenen *Namen* gemacht: Banken, Juweliere, Postämter. Festnahme, Gefängnis. Als ich nach meinem ersten Gefängnisaufenthalt zu ihm zurückkam, sagte er zu mir: ›Meine Tür steht dir immer offen, wenn du dich an die Regeln hältst.‹ Ein Jahr später saß ich wieder im Bau. Und diesmal hat er die Tür geschlossen. Für immer.« Es ist ein Naturgesetz, dass Väter die Regeln aufstellen und Mütter für die Versöhnung sorgen. »Blieb mir noch meine Mutter. Als sie im Sterben lag, hat die Polizei mich hingefahren, damit ich mich von ihr verabschieden konnte.« »Vergiss nicht, dass ich dich geliebt habe«, hat sie mir auf dem Totenbett ins Ohr geflüstert. Wenn ich heute »Mama« sage, wird mir schwindlig.« Der Gott der Gefängnisse trägt weibliche Züge.

Öffne dem Himmel einen Spalt, und er wird die Bastion zum Einsturz bringen: »In den Rissen ist Gott, der lauert.« Um fest vermauerte Festungen zu erschüttern.

Es gibt ja Türen und Türen: automatische, händische, Schiebetüren. Türen aus Eisen, Bronze, Kupfer. Für einen Dieb ist es in gewisser Weise eine Eulenspiegelei, wenn man mit ihm über die Pforten der Barmherzigkeit spricht: Ein Jahr lang, liebe Brüder, die ihr euch gegenseitig Wölfe seid, müssen wir die Pforten nicht aus den Angeln heben. Die Pforte zu Gott trägt den Namen »Barmherzigkeit«. Barmherzigkeit für alle: So hat es der Papst verkündet.

»Als ich klein war, habe ich mich für den Willen des Bösen entschieden. Im letzten Jahr hat das Leben mir dann die Rechnung präsentiert: ›Sieh zu, dass du wieder gesund wirst. Dann kannst du ins Gefängnis zurück.‹ Man hat mich aus dem Gefängnis geworfen. Nicht einmal dort wollen sie mich mehr haben: Der Krebs fraß mich innerlich auf. Wo soll ich denn zum Sterben hin? Ich habe rund um mich nur verbrannte Erde hinterlassen. *Sein* Wille war es doch, dass ich die höchste Strafe erhalten habe: Denn im Gefängnis hat mir ein Priester die Pforte zu seinem Haus weit aufgestoßen. Dabei war ich es doch immer, der überall die Türen öffnete! Nach dreißig Jahren im Knast kann ich sagen: Wenn ich überlebe, dann liegt das an dieser offenen Pforte, die sich mir gerade im Jahr der Barmherzigkeit auftat. Ist das nicht ein Witz? Vor dieser Pforte aber hat mein altes *Reich* aufgehört zu existieren: *Sein* Wille hat gesiegt.«

Wenn die Menschen ihm heute auf der Straße begegnen, nennen sie ihn: »Herr Enrico!«

Ein Bild, eine Vorstellung hat den Raum während des Gesprächs mit dem Papst erhellt: Der wahre Protagonist der Geschichte ist der Bettler. Ich verstehe, dass die Züge des Bettlers die Gottes sind, den er liebt, zu dem er betet, den er jeden Tag aufs Neue neben sich findet: als Unvorhergesehenes, als Unvorhersehbares. Die bestürzendste Verkündigung, die der Himmel uns je entgegengeschleudert hat, aber ist die: dass die Ewigkeit beschlossen hat, sich in die Grenzen der Zeit zu begeben. Dass die Zeit nun in der Ewigkeit wohnt.

Der Bettlergott, der allmächtige Gott im Reich der Ohnmacht: der Gott, der sich im säuerlichen Geruch des Gefängnisses findet. Betteln ist ein Wort, das zu Not und Elend gehört: die alltägliche Geschichte des Armen, der gramgebeugten Frau, die sich in den Säulengängen der Stadt versteckt, des Mannes, der im Abfall wühlt, der Menschen, die hinter Gittern ihr Leben verbringen. Die Lastkähne, die Mauern, die Arbeitslosen: das Leben, aus der Nähe betrachtet. Wenn wir Jesus so anschauen, dann stimmt es, was Franziskus uns sagt: dass Gott um unsere Aufmerksamkeit bettelt. »Er hatte keine schöne und edle Gestalt, sodass wir ihn anschauen mochten.« (Jes 53,2) Das ist die Grammatik des Franziskus: der Gott der Überraschungen, der Zwischenräume, der Gott, der lauert, der angebetet, kontempliert und verzehrt wird. Ein Gott, den man nur versteht, wenn man das Passiv beherrscht, das die aktive Form der himmlischen Gnade darstellt: sich überraschen lassen, sich lieben lassen. Zulassen, dass Gott sich um uns kümmert. Zugeben, dass Gott uns von innen her verjüngen kann: »Seht, ich mache alles neu.« (Offb 21,5)

In jedem armen Menschen liegt Gott. »Keine Zelle ist so weit fort, dass Gott nicht darin wohnen könnte.« Das ist es, was Franziskus den Häftlingen bietet: Barmherzigkeit! »Wann immer sie an die Tür ihrer Zelle treten und ihre Gedanken und Gebete an den Vater richten, möge dies gleichbedeutend sein mit dem Durchschreiten der Heiligen Pforte.« Und der Vergebung der Sünden. Das ist Freiheit hinter den Gittern, eine Garantie für geistige Sicherheit: Ich gehöre zum demütigen Stand der Bettler, deren einziger Reichtum ihre Armut ist. Und ich bin stolz darauf.

Der Heilige Vater als Pilger in Bozzolo und Barbiana am Grab von Don Lorenzo Milani. Der Heilige

Vater, der im Gefängnis, das voller Sünder ist, den Insassen die Füße wäscht. Der Heilige Vater, der an Bord eines Bootes nach Lampedusa kommt, auf die Insel der Flüchtlinge. Der Heilige Vater, der eine Gruppe verheirateter Priester besucht. Der Bettlerpapst als Bote eines Bettlergottes. Gott »in Zivil« zu erkennen bedeutet Erlösung, bedeutet, sich selbst besser zu kennen. Selbst wenn wir uns nie ganz an sein Eingreifen gewöhnen können, so möge er uns doch wenigstens mit den Sandalen an den Füßen vorfinden. (Ex 12,11) Das Versprechen lautet da zu sein: Das Wie und das Wann wählt dann die Liebe nach ihrem Dafürhalten.

Und noch ein paar Bettlervokabeln: Brot, Schulden, die Versuchung, der man ausweichen sollte, und der Teufel, den man verfluchen kann. Ich verfolge seine Spur.

In einer Ecke des Raumes im Zuchthaus, über Bücher gekauert, hockte Marzio, der glaubte, niemandem mehr nütze zu sein. Man grüßte ihn wie den Überlebenden einer Katastrophe. Aus jener Zeit hat er nur die Erinnerung an den Geschmack der Hostie behalten, dem »Brot des Lebens«: »Im Gefängnis, unter den Ausgestoßenen, habe ich jene Solidarität wiedergefunden, die ich draußen habe erlöschen sehen. Drinnen aber teilt man das Wenige, das man hat, und alle fühlen sich weniger arm. Man kocht nie allein: Um das Wasser für die Nudeln heiß zu machen, braucht es mindestens zwei Kochplatten und noch eine für die Sauce. Jeder Häftling hat eine Kochplatte: Es müssen also mindestens drei zusammenkommen, um eine leckere Pasta zuzubereiten! Essen ist Freundschaft: Zu Weihnachten und an Ostern fangen wir schon Tage vorher an zu kochen. Da kocht dann auch das Heimweh herauf: ›Die Sauce schmeckt genau wie bei meiner Mutter. Die Fleischsauce ist wie die von meiner Oma. Und die Sardinen … die stammen garantiert aus meinem Teil des Meeres.‹ Die Leckereien sind eine willkommene Abwechslung: Hier drin wollen die Stunden einfach nicht vergehen. Und die Geräusche sind immer die gleichen: ersticktes Lachen, das Quietschen der Sprungfedern, da und dort ein Wortfetzen. Das Geschrei der Möwen, Flüche, Schreie und bestimmte Codewörter wie Luft, Dusche, Verhör, Richter, Direktor, Schule.« Zur Messe! »Wie oft hat mich die Hostie angeblickt, habe ich sie angeblickt. Sie hat mich wirklich vor der Verzweiflung gerettet, vor dem Gefühl, verdammt zu sein: Ich dachte, wir seien da drin an der Endstation angelangt. In Wirklichkeit war dies unsere Sprungschanze!« Im Gefängnis altert man jede Viertelstunde um mehrere Jahre. Der

Himmel weiß zu warten, bis die Frucht reif ist: »Heute noch wirst du mit mir im Paradies sein.« Dieses »heute noch« ist eine Zugabe zu unserer Zeit.

»In den Jahren, in denen ich im Gefängnis saß, habe ich den Verlust der Väterlichkeit doppelt erlebt. Mein Vater ist gestorben, und ich bin als Vater gestorben: Ich konnte zusehen, wie meine Familie sich Schritt für Schritt auflöste. Vielleicht vor Scham. ›Die Frau des Banditen, die Töchter des Häftlings.‹ Die unschuldigen Menschen meiner Familie standen plötzlich im Scheinwerferlicht des Dorfes. Um Vergebung bitten? Zu viel. Ich habe schließlich doch damit angefangen. Ich habe die Vergebung zurückgegeben, die mir im Gefängnis zuteilwurde. Mir wurde vergeben, also habe ich auch ihnen vergeben, dass sie mich im Stich gelassen haben.« Ein Lichtstrahl durchbricht die Mauern des Gefängnisses. »Das war ich ihnen schuldig, ob nun eine Antwort kommt oder nicht. Es gibt Schulden, die sich zu Langzeitkrediten auswachsen. Andere bleiben für immer ungetilgt. Ich habe gegeben, ohne etwas zu erwarten. Mir schien das richtig so.«

Marzio hat mehr als 2000 Nächte im Gefängnis verbracht. »Am Anfang hatte ich das Gefühl zu ersticken: Dieser Betonkrater verschlang mich einfach. Eine Brutstätte des Bösen, ein Abgrund. Die *Versu-*

chung lockt: Ihr nachzugeben beruhigt, gleicht einer Lösung. Ich war im Reich der Versuchungen angelangt: Die tödlichste war, das Leben nicht mehr zu schätzen zu wissen. Aufzugeben, sich leben lassen: vom Müßiggang, vom Nichts, vom Klappbett.« Die Versuchung ist wie ein Süchtiger kurz vor dem nächsten Schuss: Sie kommt immer schneller und schneller. Wenn sie dann aber zu Boden stürzt, verlacht sie der Himmel: »Tod, wo ist dein Sieg? Tod, wo ist dein Stachel?« (1 Kor 15,55) Das Wort des Paulus wie das des Marzio: »Die beste Versuchung in meinem Leben war die, mich zu ändern. Das Böse hat mein Leben zerstört. Das war meine Versuchung. Dann aber, als ich in der Hölle gelandet war, war meine größte Versuchung die, mir das Paradies zu verdienen.« Der verlorene Sohn ist in sein Dorf zurückgekehrt. »Als ich aus dem Gefängnis draußen war, hat die Welt sich nur meiner Verbrechen erinnert. Ich bin noch nicht wieder zum Menschen geworden in ihren Augen. Amen! Aber ich werde versuchen, den Blickwinkel Gottes nicht zu verlieren.« Ist das Delikt überwunden, kümmert Gott sich um den, der verlassen am Wegesrand zurückbleibt.

Wir scherzen. Was Enrico am meisten zum Lachen gebracht hat, war dies: »Und erlöse mich von dem Bösen? Sehen Sie nur, was er angestellt hat: Ich, der Dieb, hätte mir nie träumen lassen, dass man mich einmal auf diese Weise kapern würde: mit einer offenen Tür. Das ist mein eigentliches Gefängnis: Dass ich nie begreifen werde, wie ein alter Bandit wie ich so viel Liebe verdienen kann. Mittlerweile hat sich so viel verändert: Ich bin erlöst von dem Bösen. Das Verbrechen zählt für mich nicht mehr.« Enrico ist also zurückgekehrt zu seinen Wurzeln.

Ich verlasse das Gefängnis. Die Glocken der nahegelegenen Kirche läuten vier Uhr: Zeit für die Messe. Gestern um vier nachmittags stand ich noch auf der Piazza San Pietro. Da trat ich gerade durch eine Tür ein, heute komme ich durch eine Tür heraus. Die letzte von siebzehn. Gestern hob Franziskus den Blick und ließ ihn auf dem Petersdom ruhen: Dort drinnen streichelte Michelangelo den Marmor und schuf eine Frau im Moment höchster Trauer. Auch ich hebe den Blick und sehe den Papst an. Ich studiere die Züge eines Mannes, der vom Heiligen Geist inspiriert die Türen der Zellen angerührt und sie in heilige Pforten verwandelt hat. Und der auch für die Frau ein zauberhaftes Bild gefunden hat: die Kirche als Mutter eines Häftlings, die »für ihren Sohn aufsteht, auch wenn er auf den Pfaden der Verdammnis wandelt«.

Marzio begleitet mich. Ein paar Kilometer weiter bereitet Enrico das Essen für seine Priester zu. Und dann wird das *Vaterunser* gesprochen.

Wir haben jungfräuliches Gebiet betreten, das noch niemand vor uns betreten hat. Und arme Christen haben gelernt, sich neu zu definieren: Heute sind sie die Wächter der Barmherzigkeit.

QUELLEN

Das Interview von Don Marco Pozza mit Papst Franziskus wurde am 4. August 2017 für tv2000 aufgezeichnet in der Casa Santa Marta im Vatikan.

Das Vorwort »Den Vater bitten« fußt auf der Predigt vom 20. Juni 2013 in Santa Marta, die in Papst Franziskus' Buch *La verità è un incontro* unter dem Titel »Non possiamo pregare il Padre, se abbiamo nemici nel cuore« veröffentlicht wurde.

Die Texte, die den jeweiligen Erläuterungen zum Vaterunser folgen, entstammen folgenden Quellen:

Ich werde euch nicht als Waisen zurücklassen:
Generalaudienz vom 28. Januar 2015

Die Väter und das Vaterunser:
Generalaudienz vom 4. Februar 2015

Mit dem Gebet am Heilsgeschehen teilhaben:
Angelusgebet vom 24. Juli 2016

Das Reich Gottes erfordert unsere Mitarbeit:
Angelusgebet vom 14. Juni 2015

Das uneingeschränkte Ja Marias zu Gottes Willen:
Angelusgebet vom 8. Dezember 2016

Den Hungernden zu essen geben:
Generalaudienz vom 19. Oktober 2016

Wie wir uns ins Geben und Vergeben einüben:
Generalaudienz vom 4. November 2015

Die Grundlage unserer Hoffnung:
Generalaudienz vom 7. Juni 2017

Das Unkraut unter dem guten Samen:
Angelusgebet vom 20. Juli 2014

Das Gebet mit den Großeltern ist ein großer Schatz:
Generalaudienz vom 11. März 2015

Verlagsgruppe Random House FSC® N001967

Umschlag: Weiss Werkstatt, München
Druck und Bindung: Friedrich Pustet GmbH & Co. KG, Regensburg
Printed in Germany
ISBN 978-3-466-37226-3
www.koesel.de

Titel der Originalausgabe: *Padre Nostro*

www.edizpiemme.it

Dieses Buch ist auch als E-Book erhältlich.